AF360293

LÉON,

DRAME EN CINQ ACTES ET EN PROSE,

Par M. de Rougemont,

REPRÉSENTÉ POUR LA PREMIÈRE FOIS, A PARIS, SUR LE THÉATRE DE LA PORTE-SAINT-MARTIN, LE 1er DÉCEMBRE 1836.

PERSONNAGES.	ACTEURS.
LE COMTE D'ARMAILLÉ, (premier rôle)	M. MÉLINGUE.
LE MARQUIS DE SANNOIS, (deuxième amoureux)	M. ALFRED.
LÉON, (jeune premier rôle)	M. SURVILLE.
PATRU, avocat, (père noble)	M. RAUCOURT.
MORIN, avocat, (comique)	M. CHILLY.
DOMINIQUE, domestique, (troisième rôle)	M. AUGUSTE.

PERSONNAGES.	ACTEURS.
UN EXEMPT	M. LERET.
UN DOMESTIQUE de Mme de Linières	M. FORESTIER.
UN DOMESTIQUE du comte	M. ALBERT.
Mme DE LINIÈRES, (premier rôle)	Mme GEORGES.
EUPHRASIE DE COURBON, (ingénuité)	Mme ADOLPHE.

La scène, aux quatre premiers actes chez Mme de Linières, au cinquième, chez le comte d'Armaillé.

ACTE PREMIER.

Le théâtre représente un petit salon meublé simplement, mais avec élégance; une fenêtre à gauche de l'acteur.

SCENE PREMIERE.
EUPHRASIE, LÉON.

(Au lever du rideau, Euphrasie, devant une glace, arrange ses cheveux; Léon est debout.)

EUPHRASIE, *gaîment.* Parlez... parlez toujours, Léon, je vous écoute...

LÉON, *avec humeur.* En vous occupant d'autre chose... ce qui prouve que vous ne donnez pas beaucoup d'attention à ce que je vous dis.

EUPHRASIE, *naïvement.* Est-ce qu'on ne peut pas avoir les yeux d'un côté... et l'oreille de l'autre... voir et entendre en même temps? Et puis, je suis pressée!... dans la journée nous aurons des visites...

LÉON, *avec un peu d'ironie.* Oui, celles de MM. de Faudoas, de Sorente, de Belzunce...

EUPHRASIE. Celles-là, et d'autres encore...

LÉON, *toujours avec ironie.* Et quand on aime les gens...

EUPHRASIE, *simplement.* On n'aime pas les gens; mais on ne veut pas leur faire peur.

LÉON. C'est ce qui fait qu'on cherche à plaire à tout le monde.

EUPHRASIE, *gaîment.* Vilain jaloux... *(Se retournant.)* Suis-je bien comme cela?
(Elle quitte la glace.)

LÉON. Vous êtes bien la femme la plus coquette!...

EUPHRASIE. Et vous, l'homme le moins poli...

LÉON. C'est vrai, je ne suis pas poli... c'est un tort de mon caractère, de ma position.

EUPHRASIE, *gaîment.* Je vous conseille de vous plaindre de votre position... pour qui sont, je vous prie, les petits soins, les préférences de Mme de Linières? à qui pense-t-elle du matin au soir? de qui est-elle sans cesse occupée? est-ce de moi, ou de vous?

LÉON. Mais il me semble que c'est de tous les deux.

EUPHRASIE. Oui, de nous deux!... mais quelle différence! bonjour, Euphrasie... as-tu bien travaillé? tes maîtres sont-ils contens de toi? un baiser au front, et puis quelques mots d'une bienveillance!... qu'en ma qualité d'orpheline, je dois apprécier plus que tout autre, voilà nos entretiens!.. Je vais, je viens, j'entre, je sors, je m'absente... on ne fait pas plus d'attention à moi!.. Mais si Mme de Linières est une partie de la journée sans voir son secrétaire!.. son inquiétude est extrême... elle se trahit par les soins qu'elle prend pour la cacher... dès que vous êtes au salon, sès yeux ne vous quittent plus... ce que je fais est quelquefois mal, ce que vous faites est toujours bien... Votre position, monsieur Léon, est ici la meilleure de toutes.

LÉON. Mais vous avez un nom... une famille... votre père est mort jeune, dans un combat glorieux !.. c'est des mains de votre mère, que vous avez connue, aimée, pleurée... que Mme de Linières vous a reçue... et moi, je ne suis, après tout, qu'un pauvre enfant abandonné... recueilli par la pitié... élevé par charité... non pas que je rougisse de ses bienfaits !..

EUPHRASIE. Vous seriez bien injuste... bien ingrat !...

LÉON. Elle est si bonne pour moi !.. sa générosité est pleine d'une délicatesse si rare !.. croiriez-vous, Euphrasie, qu'un jour... il y a de cela trois mois, j'hésitais à accepter de nouvelles marques de son intérêt, tant je les trouvais au-dessus de ma position !.. croiriez-vous que son ingénieuse bienveillance s'est avisée, pour vaincre mes scrupules, de me faire entendre que j'appartenais à une noble famille !.. moi ! comme si les premiers jours de mon enfance étaient sortis de ma mémoire ; comme si je ne me souvenais pas que j'ai été élevé dans une chaumière, au sein de la misère la plus affreuse... moi, noble !.. Je n'ai pas voulu l'affliger en ayant l'air de douter de ses paroles, mais je sais trop bien ce que je suis.

EUPHRASIE, *naïvement*. Eh! mon Dieu!.. on a vu des choses plus étonnantes que celles-là... ne dit-on pas partout, à voix basse, que ce jeune homme qui est enfermé aux îles Sainte-Marguerite, et qui porte un masque de velours noir, est un frère de sa majesté Louis XIV ; qu'on a été obligé de l'enfermer, parce que deux frères ne peuvent pas régner ensemble .. qui sait si votre famille n'a pas eu des motifs de cacher votre existence... si...

Mme DE LINIÈRES, *en dehors*. Léon !..

EUPHRASIE. Là !.. quand je le disais...

◦◦◦◦◦◦◦◦◦◦◦◦◦◦◦◦◦◦◦◦◦◦◦◦◦◦◦◦◦◦◦◦◦◦◦◦◦◦

SCENE II.
EUPHRASIE, Mme DE LINIÈRES, LÉON.

Mme DE LINIÈRES, *à Léon*. Ah! vous voilà, Monsieur! et où étiez-vous donc? je vous ai fait chercher partout.

LÉON. Madame oublie qu'elle m'avait chargé d'aller ce matin chez M. Patru, son avocat?

Mme DE LINIÈRES. C'est vrai !... eh bien?..

LÉON. Il est toujours à la campagne, où il s'est retiré depuis la mort tragique de son fils... on m'a dit cependant qu'on l'attendait à Paris aujourd'hui ou demain, et qu'aussitôt son arrivée il se présenterait à l'hôtel... Je vous demande pardon de n'avoir pas été, en arrivant, vous rendre cette réponse... je craignais qu'il ne fût pas jour chez vous.

Mme DE LINIÈRES. Je vous pardonne... et pourtant j'avais bien résolu de vous gronder... hier, malgré les observations de Dominique... vous avez persisté à monter le nouveau cheval que j'ai fait acheter.

EUPHRASIE, *à part*. Pour lui !

LÉON, *d'un ton dégagé*. Il faut bien que quelqu'un le dresse.

Mme DE LINIÈRES, *avec bonté*. Risquer de se blesser... s'exposer à se tuer !.. donner des chagrins à tout le monde !.. Léon, promettez-moi d'être plus prudent à l'avenir...

LÉON. Je vous assure qu'il n'y a pas le moindre danger.

Mme DE LINIÈRES. Et vous comptez pour rien l'inquiétude de ceux qui s'intéressent à vous?

LÉON, *avec un peu de soumission*. Du moment que cela peut vous faire plaisir...

Mme DE LINIÈRES, *avec sentiment*. Beaucoup.

LÉON. J'y renoncerai.

Mme DE LINIÈRES. C'est bien.
(Elle lui donne sa main à baiser.)

EUPHRASIE. Ma bonne amie, j'ai bien travaillé... mes maîtres sont contens de moi.

Mme DE LINIÈRES. Ah! c'est toi, petite!.. (*Elle la baise au front.*) Sais-tu que tu es fort jolie avec cet habit?.. il te sied à merveille.

EUPHRASIE. J'ai choisi ces couleurs-là parce que je sais que vous les aimez... et puis M. de Faudoas trouve qu'elles me vont bien.

Mme DE LINIÈRES, *souriant avec malice*. Ah ! M. de Faudoas !..

EUPHRASIE, *naïvement*. J'ai cité ce nom-là comme j'aurais pu en citer bien d'autres... car tout-à-l'heure... M. Léon ne m'a appelée coquette... que parce qu'il me trouvait bien.

LÉON, *avec humeur*. Trop bien !..

EUPHRASIE, *gaîment*. On ne peut jamais être trop bien, n'est-ce pas?

Mme DE LINIÈRES, *souriant*. Trop bien !.. non.

EUPHRASIE, *triomphante*. Ah !

Mme DE LINIÈRES. Mais quelquefois, à

force d'art, on parvient à gâter les plus beaux dons de la nature ; à dix-sept ans, on est belle de son âge, de sa fraîcheur, de cette grâce naïve, enfantine, qui ajoute un charme de plus à nos paroles, à nos actions : crois-moi, garde les ressources de la toilette pour un autre temps... avec elle on se refait une seconde jeunesse.

EUPHRASIE. Ma bonne amie, je vous assure que la toilette ne gâte jamais rien... et que si, en vous voyant, il y a des personnes qui disent : Elle est jolie!.. il y en a encore un plus grand nombre qui dit : Ah! comme elle est mise avec élégance, avec goût !... et cet éloge-là me plaît tout autant que l'autre.

Mme DE LINIÈRES, *souriant*. Prends garde de t'y laisser prendre.

EUPHRASIE, *gaîment*. Aux éloges!... moi!.. non. Je sais que c'est une monnaie courante qui n'a de valeur que celle que nous lui donnons. Est-ce que vous pensez que je crois que tous ceux qui me demandent comment je me porte, s'intéressent à ma santé?.. on dit : Elle est jolie... elle est belle !... comme on dit : Il fait un temps superbe, une journée magnifique... c'est une façon polie d'entamer la conversation.

Mme DE LINIÈRES. Allons! folle... voici, je crois, l'heure de ton maître de dessin.

EUPHRASIE. Vous me renvoyez déjà !

Mme DE LINIÈRES. J'ai quelques ordres à donner à Léon.

(Elle embrasse Euphrasie.)

EUPHRASIE, *à part, en sortant*. C'est lui qui reste... et il se plaindra.

SCÈNE III.
Mme DE LINIÈRES, LÉON.

Mme DE LINIÈRES. Léon, vous avez du chagrin?

LÉON. Moi, Madame?..

Mme DE LINIÈRES. Je vous observe depuis plusieurs jours. Vos mouvemens sont brusques... vos paroles rares et souvent indécises... vos regards sont distraits, irrésolus... Léon, confiez-moi vos peines.

LÉON, *embarrassé*. Je vous assure, Madame...

Mme DE LINIÈRES, *avec bonté*. Qui pourrait mieux les comprendre, les adoucir ?

LÉON. Quel chagrin pourrais-je avoir? vos bontés pour moi vont au-devant de mes moindres désirs ; je n'en puis former aucun, qu'il ne soit à l'instant même exaucé.

Mme DE LINIÈRES. Vous aimez Euphrasie?

LÉON, *s'en défendant*. Je l'aime!

Mme DE LINIÈRES. Pourquoi chercher à vous en défendre?.. Euphrasie est jeune, aimable, gaie.

LÉON, *avec amertume*. Oui ; mais elle s'appelle Mlle de Courbon.

Mme DE LINIÈRES. Ce nom-là n'a rien d'effrayant.

LÉON, *avec ironie*. Pour celui qui peut en échange lui en offrir un aussi beau que le sien... pour MM. de Brissac, de Seignelay, de Colbert, mais pour moi!.. (*avec emportement*) eh bien! oui, je l'aime, je l'aime comme un fou! avec d'autant plus d'exaltation que je sens que jamais elle ne peut être à moi... (*avec une ironie amère*) une femme jeune, belle, riche, titrée... le partage d'un... (*avec douleur*) oui, oui, vous avez raison, j'ai un chagrin qui me ronge, qui me tue... que personne, excepté vous, n'a soupçonné.

Mme DE LINIÈRES, *avec tendresse*. C'est que personne ne vous aime comme moi.

LÉON, *avec emportement*. Ah ! que n'ai-je pas tenté pour vaincre, pour étouffer cet amour ridicule, sans but, sans espoir... qui malgré moi se mêle à toutes mes pensées... j'ai essayé de tout, excepté de l'absence, aussi, il faut que je parte, que je quitte Paris.

Mme DE LINIÈRES. Partir! me quitter! vous, Léon... c'est impossible.

LÉON. Me condamneriez-vous donc au supplice de voir Euphrasie donner sa main à un autre? (*avec une rage concentrée.*) Ah! si vous saviez tout ce dont je serais capable !

Mme DE LINIÈRES, *avec bonté*. Eh! pourquoi ce découragement, ce désespoir qu'un mot peut apaiser? Qui vous a dit qu'Euphrasie fût destinée à un autre? qu'il fût question de son établissement? Vous-même, ne savez-vous pas qu'une partie de sa fortune lui est disputée par un certain comte d'Armaillé, gouverneur de l'Angoumois, qui prétend avoir des répétitions à exercer sur la succession du marquis de Courbon? Comment voulez-vous que l'on songe à marier dès à présent une jeune personne dont la fortune ne sera réelle qu'après l'issue du procès que ma qualité de tutrice me force de soutenir en son nom? Où sont, je vous prie, les rivaux qui vous la disputent? et parce qu'au nombre des jeunes seigneurs que j'admets chez moi, il s'en trouve quelques-uns plus ou moins frappés des qualités d'Euphrasie, est-ce donc une raison pour croire qu'ils ont des prétentions à sa main (*avec dignité*), et surtout que j'ai autorisé ces prétentions? non; et s'il faut vous l'avouer, j'ai des projets sur Euphrasie auxquels vous n'êtes peut-être pas tout-à-fait étranger.

LÉON. Quoi! madame, vous auriez pensé?

Mme DE LINIÈRES. Ne dirait-on pas que c'est une chose extraordinaire que je m'intéresse à lui?.. c'est une mauvaise habitude qui a déjà seize ans de date, et à laquelle vous devriez être fait.

LÉON. Ah! pardon, pardon ; mais quand je songe à ce que je suis...

Mme DE LINIÈRES. N'entends-je pas la voix de M. Patru?

LÉON. Oui, madame.

Mme DE LINIÈRES. Priez-le de passer par ici... et n'ayez plus de ces mauvaises pensées.

(Elle lui tend la main.)

LÉON. Oh ! non, non.

(Il sort.)

ooooooooooooooooooooooooooooooooooooooooooo

SCENE IV.
Mme DE LINIÈRES, seule.

Partir ! me quitter ! ah ! ces paroles m'ont brisé le cœur !.. S'il savait tout le mal qu'il m'a fait avec ces deux mots... quand je ne suis occupée que d'assurer son avenir ! quand son bonheur est la pensée de toute ma vie !.. il m'abandonnerait... lui... oh ! jamais.

ooooooooooooooooooooooooooooooooooooooooooo

SCENE V.
PATRU, Mme DE LINIÈRES.

PATRU. Madame, j'ai bien l'honneur...

Mme DE LINIÈRES. Ah ! c'est vous, monsieur l'avocat ; eh bien ! qu'avez-vous décidé ?

PATRU. Je plaiderai.

Mme DE LINIÈRES. Ah !

PATRU. J'ai examiné avec soin toutes les pièces de la procédure ; s'il n'y en a pas d'autres, le bon droit est du côté de votre pupille.

Mme DE LINIÈRES. Ainsi, vous me répondez du gain de ce procès ?

PATRU, souriant. Je réponds de la justice, mais non pas des juges.

Mme DE LINIÈRES. N'est-ce pas la même chose ?

PATRU. Du tout : la justice est une, elle voit clair, elle marche droit ; les juges sont plusieurs, exposés à voir trouble, à marcher de travers.

Mme DE LINIÈRES. Eh quoi ! malgré la bonté de la cause de Mlle de Courbon ?

PATRU. On peut la perdre ; cela se voit tous les jours : d'abord, vous avez... c'est-à-dire votre pupille a pour adversaire un lieutenant-général des armées de sa ma-

jesté, un homme riche, titré, très en crédit à la cour... le connaissez-vous?

Mme DE LINIÈRES. Non, je sais seulement qu'il appartient à une des premières familles du royaume.

PATRU. Il ne veut pas même être de la seconde ; à l'en croire, ses ancêtres ont été faits gentilshommes six semaines avant le déluge. Du reste, il remuera ciel et terre, il jettera l'or à pleines mains, il corrompra, menacera... il est plus entêté que la Sorbonne.

Mme DE LINIÈRES. Mais j'ai de la fortune aussi, des connaissances auprès du chancelier, et s'il ne fallait que des sacrifices pour se rendre les gens du roi favorables, je n'hésiterais pas.

PATRU. Il a pour conseil un homme fort habile, plaidant le pour et le contre avec une facilité qui serait prodigieuse !.. à une époque où il n'y aurait pas tant d'avocats.

Mme DE LINIÈRES. Mais, mon cher monsieur Patru , savez-vous que vous m'effrayez... Comment ! avoir pour soi le bon droit, la justice... et craindre la faiblesse ou la corruption des juges ! et cela en France...

PATRU. Oh! je ne désespère jamais... si M. le comte est entêté, j'ai du caractère... et moi aussi, j'ai accès auprès de sa majesté, à laquelle j'ai, Dieu merci, procuré l'occasion de réparer deux injustices, et qui ne m'en a jamais voulu pour ce service-là.

Mme DE LINIÈRES. Aussi , me reposai-je avec sécurité sur votre zèle... j'ai entendu dire tant de bien de vous !...

PATRU, gaîment. Il ne faut jamais croire que la moitié de ce qu'on dit...

Mme DE LINIÈRES. Et je n'hésite pas à vous donner toute ma confiance.

PATRU. C'est un dépôt que j'espère garder long-temps.

Mme DE LINIÈRES. Le procès d'Euphrasie n'est pas la seule chose qui m'occupe en ce moment ; je suis chargée de vous consulter relativement à une position singulière... dans laquelle se trouve une personne... j'ai besoin de reprendre les choses d'un peu haut... Asseyons-nous... (On s'assied *.) Une jeune femme de mes amies...

PATRU. Mme la marquise de Courbon ?

Mme DE LINIÈRES. Non ; la mère d'Euphrasie est morte... et la personne dont je vous parle existe encore... Une jeune femme de mes amies , qui habitait alors une

____

* Mme de Linières, Patru.

des provinces du midi, eut, à l'âge de seize ans, la faiblesse d'aimer un homme que sa famille lui avait désigné à l'avance comme devant être son époux... tout était convenu... le contrat dressé... le jour pris pour la publication ds bans, et la veille du jour de la signature du contrat, l'inf... (*se reprenant*) cet homme disparut... la jeune fille avait été confiante... et coupable.

PATRU. Les pauvres filles!.. elles ne veulent pas se persuader qu'il n'y a de mariage certain que quand le prêtre et le notaire y ont passé.

Mme DE LINIÈRES. La famille, indignée, se mit à la recherche de M. de ....., le nom n'y fait rien.

PATRU, *souriant.* Rien du tout.

Mme DE LINIÈRES. Mais, soit qu'il eût changé de nom, passé en pays étranger, ou qu'il eût succombé dans un de ces combats singuliers si fréquens à cette époque... toutes les démarches furent inutiles; on ne put le découvrir... et, depuis plus de vingt-trois ans, on n'en a plus entendu parler.

PATRU. Vingt-trois ans!

Mme DE LINIÈRES. Tout autant.

PATRU. Et, comme de raison... la jeune fille a dans le temps pris son parti... elle s'est consolée... elle a oublié l'infidèle... elle s'est mariée?...

Mme DE LINIÈRES. Elle est veuve.

PATRU, *soupçonnant la vérité.* Ah!

(A partir de ce moment, Patru écoute avec un intérêt marqué le récit de Mme de Linières.)

Mme DE LINIÈRES. Elle avait donné le jour à un fils que sa famille fit disparaître; on persuada à la mère que son enfant était mort; elle le crut... Jeune, belle, ayant eu le bonheur de cacher sa faute à tous les regards, mon amie fut bientôt entourée d'hommages et de séductions... pour s'y soustraire, elle voulut entrer dans un couvent; sa famille s'y opposa... On fit plus : ses parens la contraignirent à recevoir les soins d'un gentilhomme du Quercy... elle l'épousa.

PATRU. Que de mariages comme celui-là dans le monde!

Mme DE LINIÈRES. Il y avait cinq ans qu'elle était mariée et qu'elle mettait tous ses soins à rendre heureux l'homme dont elle avait accepté la main...

PATRU. Elle était parvenue à l'aimer?

Mme DE LINIÈRES. Non... son cœur profondément blessé par l'abandon de celui qu'elle eût adoré toute sa vie, était mort aux sentimens d'amour, d'amitié... elle eût désiré reporter sa tendresse sur un

enfant... le ciel lui refusa le bonheur d'être mère... c'était une punition de sa faute... Un jour, qu'elle éprouvait plus que jamais ce vide, cette absence de toute espèce d'affection... cet isolement de l'ame, qui faisait de sa vie un supplice éternel... un jour, qu'au milieu d'un petit bois qui touchait à sa maison de campagne, elle demandait avec ferveur à Dieu de lui accorder le bonheur d'aimer son mari... et que dans ce besoin, cette soif d'affection... elle disait à haute voix, se croyant seule : « Oh! si j'avais un enfant!... » elle aperçut... là... devant elle, une vieille femme, sèche et ridée, qui, en la regardant, posait un doigt sur ses lèvres, comme pour dire silence... et de l'autre main lui montrait un enfant de six à sept ans... tout déguenillé comme elle... se traînant sur le bord du chemin... se roulant dans la poussière... mais à travers ses vêtemens sales et déchirés, un air de distinction brillait sur son visage... mon amie, interdite... confuse... ne savait que dire, que penser... quand la vieille femme, avec un rire satanique, lui jeta ces mots : « Vous en voulez un?... combien me donnez-vous de celui-là?... » (*S'oubliant.*) Ah! ces mots-là ne sortiront jamais de ma mémoire.

PATRU, *avec intérêt.* Quoi! madame?...

LA BARONNE, *vivement.* Mon amie me les a si souvent répétés... sa première pensée fut une pensée d'indignation et de dégoût... puis elle réfléchit soudain que ce pauvre enfant serait offert à d'autres... qu'il pourrait tomber en des mains qui pervertiraient sa jeunesse... qu'il serait charitable de l'arracher à un pareil danger... et sur-le-champ elle jeta à cette femme son or, sa bourse, tout ce qu'elle avait de bijoux sur elle... dans tout cela il y avait à peine quarante à cinquante louis... et c'était sans doute plus que n'espérait la misérable, car elle se mit à hurler des cris de joie... et elle venait de vendre un enfant.

PATRU. Et votre amie?

Mme DE LINIÈRES. Que de fois elle a remercié le ciel de cette heureuse inspiration!

PATRU. Le jeune homme a donc profité?

Mme DE LINIÈRES. Le jeune homme.... c'était son fils, monsieur!..

PATRU. Son fils!

LA BARONNE. Il est inutile de vous dire comment elle en acquit la preuve!... oui, ce fils qu'elle avait cru mort... ce témoin irrécusable de son déshonneur... cet enfant!.. le seul que Dieu lui avait accordé dans sa colère... c'était lui!.. avec quel soin elle déroba son existence à tous les yeux!... que de sacrifices elle s'est imposés pour élever cet enfant, sans éveiller un seul soupçon! combien de fois elle a été forcée d'imposer silence à sa tendresse maternelle!.. ah! elle a bien souffert, bien expié sa faute.

PATRU. Et personne n'a deviné les rapports qui existaient entre votre amie et son protégé?

Mme DE LINIÈRES. Elle serait morte le jour où on les aurait soupçonnés.

PATRU. Morte!

Mme DE LINIÈRES. Elle! souffrir une tache à sa réputation!.. je la connais... la honte la tuerait...

PATRU. Mais cet enfant n'a point de nom, point de famille... il ignore quelle est la sienne?

Mme DE LINIÈRES. Il ne le saura jamais!

PATRU. Jamais!

Mme DE LINIÈRES. Voudriez-vous donc exposer une mère à rougir devant son fils? ce qu'elle veut, monsieur, ce qu'elle vous demande par ma bouche... c'est le moyen d'établir la position de cet enfant, son idole, l'unique bonheur de sa vie!.. c'est la façon de lui léguer toute sa fortune... non pas celle qu'elle tient de son mari... mais la sienne, à elle... celle qui lui appartient...

PATRU. Ce sera difficile... votre amie a-t-elle des parens?..

Mme DE LINIÈRES. Un frère! un neveu... je crois...

PATRU. Ils sont héritiers de droit...

DOMINIQUE. Madame..... un monsieur est là, qui désire vous parler de la part de M. le comte d'Armaillé.

PATRU. De la part de notre adversaire!

Mme DE LINIÈRES. C'est bien, qu'il attende. (*Dominique sort.*) Vous disiez... monsieur Patru?

(On se lève.)

PATRU. Qu'un frère... un neveu... sont des héritiers collatéraux au deuxième et troisième degré, qui priment l'enfant naturel, et encore l'enfant naturel n'a-t-il de droits à une très-faible partie de la succession de ses père et mère, qu'autant qu'il est reconnu par eux... et ce n'est pas le cas où nous nous trouvons... ensuite, ce frère, ce neveu?..

Mme DE LINIÈRES. Sont très-riches...

PATRU. Attendez donc... ch! si parbleu.. il y a un moyen, moyen simple... légitime! une adoption combien y a-t-il que votre amie l'a recueilli?..

Mme DE LINIÈRES. Il ne l'a pas quittée depuis seize ans.

PATRU. C'est elle qui est venue à son secours?

Mme DE LINIÈRES. C'est elle qui a fourni à son entretien, payé ses maîtres, surveillé son éducation.

PATRU. A merveille... nous y voilà... et comme l'adopté ajoute à son nom le nom de la personne qui l'adopte, il en résultera qu'il portera tout naturellement le nom de sa mère.

Mme DE LINIÈRES, *avec joie.* Le nom de sa mère!.. (*à part*) impossible.

PATRU. Ce serait justice que de rendre à cet enfant les droits dont il a été si long-temps privé, le nom qui lui appartient.... la fortune qui devrait être son partage.... maintenez votre amie dans ses bonnes dispositions... tout ce qui est juste est bien.. et si elle consent à l'adoption, demain nous présenterons, en son nom, une requête... au petit Châtelet...

Mme DE LINIÈRES *à part, avec effroi.* Livrer mon secret!.. (*Souriant.*) Merci de vos bons avis, monsieur Patru, j'en ferai part à mon amie... et plus tard je vous instruirai de sa résolution... (*Appelant.*) Dominique! Dominique! (*Il paraît.*) Faites entrer ce monsieur.

(Le domestique sort.)

PATRU, *saluant et passant à gauche pour s'en aller.* Et moi, j'ai l'honneur de prendre congé...

Mme DE LINIÈRES. Du tout... vous, restez... n'êtes-vous pas mon avocat, mon conseil? en cette qualité, rien de ce qui a rapport à ce procès ne doit vous être caché.

PATRU. J'obéis...(*Voyant entrer Morin.*) Eh! c'est l'avocat Morin, notre antagoniste.

<hr>

SCENE VI.
PATRU, Mme DE LINIÈRES, MORIN.

MORIN. Madame, M. le comte d'Armaillé est arrivé hier au soir de ses provinces; il est sur-le-champ parti pour Versailles; mais en partant il m'a chargé de vous prévenir que dans la matinée il aurait l'honneur de vous présenter ses devoirs!..

Mme DE LINIÈRES. Comment! pas une lettre!..

PATRU. C'est le démon de l'orgueil qui s'est fait gouverneur de l'Angoumois.

MORIN. J'ai saisi avec empressement cette occasion d'offrir mes respects à madame de Linières, et de lui soumettre quelques observations sur le procès de Mlle de Courbon.

Mᵐᵉ DE LINIÈRES, *avec dignité, montrant
à Patru.* Monsieur... voici mon avocat.

(Elle sort.)

PATRU, *à part.* Elle n'est pas mal fière
aussi, Mᵐᵉ de Linières.

SCÈNE VII.
PATRU, MORIN.

MORIN. Eh bien! maître Patru, nous
voici donc encore une fois face à face sur
le champ de bataille?

PATRU. J'espère bien qu'il en sera toujours ainsi.

MORIN. L'affaire d'aujourd'hui est une
belle affaire!

PATRU. Vous croyez?

MORIN. C'est une opération qui, en la
conduisant adroitement, en la ménageant
bien, peut durer cinq à six ans; les deux
parties sont riches, très-riches... il y a
dans ce procès-là deux fortunes d'avocat.

PATRU. Il y a dans ce procès-là de la
gloire pour l'un et une défaite pour l'autre.

MORIN. Vos grands mots ne m'imposent
pas, vous n'êtes pas le premier à qui j'entends faire des phrases magnifiques... qui
aboutissent à faire doubler ses honoraires!
Mon vieux confrère, vous ne plaidez pas
pour rien, plus que moi... vous n'auriez
pas aujourd'hui dix à douze mille livres
de rentes, si vous aviez toujours livré vos
paroles gratis; vous les faites payer.... et
cher.

PATRU. Je ne m'en défends pas... je fais
payer cher le riche, afin de plaider gratis
pour le pauvre.

MORIN. Les pauvres, les pauvres ne plaident pas.

PATRU. Non; ils se défendent, et quand
il en sont là, ce n'est pas d'un homme de
talent, c'est d'un homme de cœur qu'ils
ont besoin.

MORIN. Ce sont des cliens que je vous
abandonne... au fait, vous plaidez pour
Mˡˡᵉ de Courbon?

PATRU. C'est moi qui soutiens ses
droits.

MORIN. Droits bien incertains... selon
moi.

PATRU. Droits bien positifs, selon moi!

MORIN. Nous sommes tous comme cela:
nous épousons les droits de nos cliens...
mais que diable, vous n'êtes pas infaillible, vous avez perdu des causes, comme
moi.

PATRU. Jamais!

MORIN. Et vous plaidez?..

PATRU. Depuis trente ans.

MORIN. Vous êtes donc sorcier?.. je
plaide depuis trois ans, et j'ai perdu beaucoup plus de causes que je n'en ai gagné.

PATRU. Sans compter celle-ci.

MORIN. Je vous conseille, moi, d'y renoncer: nous avons pour nous l'opinion de
Versailles, l'appui de la haute noblesse,
de la cour, du clergé...

PATRU. Alors, il nous reste la justice et
le roi... et avec ces deux appuis-là on brave
aisément tous les autres.

MORIN, *s'échauffant.* Notre cause est
superbe! les biens que nous réclamons...
nous les avons possédés plus de deux siè-
cles.

PATRU. Mais ils sont sortis de vos mains.

MORIN, *s'échauffant.* Par violence.

PATRU, *de même.* Par justice.

MORIN, *de même.* Nous avons pour nous
un édit du roi.

PATRU, *de même.* Et nous, un arrêt du
parlement.

MORIN, *s'emportant.* Obtenu par surprise.

PATRU, *de même.* C'est faux.

MORIN, *de même.* Nous le prouverons.

PATRU, *de même.* Je vous en défie!

SCÈNE VIII.
PATRU, Mᵐᵉ DE LINIÈRES, MORIN.

Mᵐᵉ DE LINIÈRES. Eh! messieurs!.. quel
bruit!

PATRU, *gaîment.* C'est un commence-
ment de plaidoierie, monsieur essayait son
organe.

MORIN, *avec patelinage.* J'étais venu,
madame, avec des intentions pures, conci-
liatrices... Persuadé que les droits de mon
client sont incontestables... j'aurais désiré
éviter les suites toujours fâcheuses d'un
procès dont le succès nous est assuré... je
regrette que l'aveuglement de mon confrère ne m'ait pas permis... peut-être M. le
comte sera-t-il plus heureux?..

*(Il va pour sortir et s'arrête en voyant entrer Eu-
phrasie.*

SCÈNE IX.
PATRU, Mᵐᵉ DE LINIÈRES, EUPHRA-
SIE, MORIN, *un peu en arrière.*

EUPHRASIE, *accourant.* Ah! si vous saviez!.. il vient d'entrer dans la cour un
beau carrosse... il est superbe!.. des ar-
moiries... une couronne de prince... une
livrée vert et argent.

MORIN, *à part.* C'est lui.

PATRU, *le suivant des yeux. Une pareille âme
si noble, et des hommes si bas!

Mᵐᵉ DE LINIÈRES, *allant à la fenêtre, à
droite du spectateur.* Ciel!... quoi... oh!

non... ce n'est pas possible... et pourtant après vingt ans d'absence... ses traits !... oh ! non, je ne les ai pas oubliés... ils sont gravés là !.. oui... oh ! oui... c'est lui !..

EUPHRASIE. Qui donc... bonne amie ?.. tu le connais, ce grand seigneur ?

Mᵐᵉ DE LINIÈRES, *troublée.* Moi !..

EUPHRASIE. Tu as dit : c'est lui !

Mᵐᵉ DE LINIÈRES, *se remettant.* Effectivement... j'ai cru reconnaître... je me suis trompée...

EUPHRASIE, *allant à la fenêtre.* Oh ! quel air noble et distingué !.. le bel habit !..

PATRU. Nous verrons tout-à-l'heure s'il y a quelque chose sous cet habit-là.

(Mᵐᵉ de Linières est absorbée dans ses réflexions.)

DOMINIQUE, *entrant.* M. le comte d'Armaillé attend madame au salon de réception...

Mᵐᵉ DE LINIÈRES, *au comble de l'étonnement.* Lui !.. comte d'Armaillé !

(Patru , sur le devant de la scène , observe ce qui se passe. Dominique parle à Euphrasie ; Mᵐᵉ de Linières, accablée, tombe sur un fauteuil.)

ACTE II.

Un riche salon orné de tableaux. Une table et une sonnette, à gauche de l'acteur.

SCENE PREMIERE.
LE COMTE , *seul.*
(Il se promène en examinant les tableaux.)

Un Raphaël assez bien conservé... un Mignard qui n'est pas mal... un beau portrait de l'ancienne favorite... de Mˡˡᵉ de Lavallière.

SCENE II.
LE COMTE, DOMINIQUE.

DOMINIQUE. Mᵐᵉ de Linières a l'honneur de faire prévenir M. le comte qu'elle va dans l'instant se rendre au salon.

LE COMTE, *sans se déranger.* C'est bon ! (*Dominique sort. — Seul à lui-même.*) Il est impossible qu'elle n'accepte pas ce que je viens lui proposer... Les Linières !.. cela doit appartenir à la robe... Nous avons des Linières en Saintonge , en Poitou... pauvre noblesse ; cela sert son roi sans le connaître... Cela végète, cela meurt dans son vieux manoir délabré , sans avoir jamais approché de Versailles !.. une alliance avec les d'Armaillé ne peut que flatter l'orgueil des Courbon qui ne pouvaient jamais s'attendre à pareil honneur. Ce moyen évitera toutes contestations , et je n'aurai pas le désagrément d'entendre mon nom sortir de la bouche d'un avocat !.. (*Apercevant Mᵐᵉ de Linières.*) Ah !..

(Il va au-devant d'elle ; on s'arrête , on se salue.)

SCENE III.
LE COMTE , Mᵐᵉ DE LINIÈRES.

LE COMTE. C'est sans doute à Mᵐᵉ de Linières ?..

Mᵐᵉ DE LINIÈRES, *saluant.* Oui , monsieur le comte. (*A part, avec étonnement.*) Il ne me reconnaît pas.

LE COMTE. Pardon, madame, si je me présente ainsi sans avoir l'honneur d'être connu de vous.

Mᵐᵉ DE LINIÈRES, *à elle-même avec amertume.* Je suis donc bien changée !

LE COMTE. Mon nom était mon passeport... Vous connaissez , de réputation au moins, les d'Armaillé ?

Mᵐᵉ DE LINIÈRES. Non , monsieur le comte.

LE COMTE. Vous n'avez pas de parens à la cour... au service ?

Mᵐᵉ DE LINIÈRES. Aucun.

LE COMTE. Alors, cela se conçoit... Vous êtes la tutrice d'une jeune demoiselle qu'on dit fort intéressante ?

Mᵐᵉ DE LINIÈRES, *avec un peu d'ironie.* Et à laquelle vous faites un procès bien injuste ! (*A part.*) J'ai peine à me soutenir.

LE COMTE, *apercevant son embarras.* Qu'avez-vous donc , madame ? vous êtes pâle , agitée... seriez-vous souffrante ?.. je me reprocherais d'avoir choisi un moment qui me paraît inopportun.

Mᵐᵉ DE LINIÈRES, *se remettant.* Ce n'est rien... rien !.. un souvenir pénible... qui m'a oppressée un instant !..

LE COMTE. Eh ! qui n'a pas eu dans sa vie quelques-uns de ces jours dont le souvenir cruel pèse sur toute l'existence ?

Mᵐᵉ DE LINIÈRES. Quoi ! monsieur le comte, vous aussi ?..

LE COMTE. J'ai perdu une femme que j'aimais...

Mᵐᵉ DE LINIÈRES, *avec intérêt.* Il y a long-temps ?

LE COMTE. Il y a deux ans... ma femme.. la princesse d'Adémar... alliée aux maisons souveraines de Naples et du Piémont... personne extrêmement distinguée par sa haute naissance...

Mᵐᵉ DE LINIÈRES. Et c'est la seule perte ?...

LE COMTE. La seule... Ah ! madame !.. vous voyez le plus malheureux des hommes... La princesse m'avait donné trois fils... qui devaient continuer l'illustration de leur race, et transmettre mon nom à leurs descendans... je les ai perdus... ils sont morts !

Mme DE LINIÈRES. Morts!.. tous trois!..

LE COMTE. Oui, madame ; et dans quel moment ! au moment où j'avais obtenu de sa majesté que mon fils joindrait à mon nom celui de sa mère, et que le roi de Sardaigne lui conférerait la dignité de prince ! ce sont là de ces malheurs dont un père ne peut jamais se consoler.

Mme DE LINIÈRES, *à part.* C'est le prince et non le fils qu'il regrette!

LE COMTE. Et voilà comme les grandes maisons disparaissent... comme les noms historiques s'effacent.... Un homme du peuple se verra renaître dans une suite d'enfans qui perpétueront l'obscurité de son nom jusqu'à la dixième génération !.. et nous autres !.. La Providence devrait y regarder à deux fois quand ses coups s'adressent à nous !.. Heureusement, il me reste un neveu.

Mme DE LINIÈRES. Un neveu !

LE COMTE. Qui héritera de mes biens... de mes titres. Il est si cruel de voir s'éteindre un nom illustré par une longue suite d'aïeux !..

Mme DE LINIÈRES, *tristement.* Oh ! oui ; il est cruel de perdre toutes ses illusions !.. cela fait bien souffrir !..

LE COMTE. J'ai la parole du roi, car cette adoption a été en partie le but de mon voyage. Mon intention est de marier, le plus tôt possible, mon neveu, afin d'avoir l'assurance que mon nom ne mourra point avec moi. Dans ma position, je pourrais lui choisir une femme parmi les maisons princières de France, d'Allemagne, d'Italie...ce serait en quelque sorte un devoir... mais je vous l'avouerai, madame, j'ai jeté les yeux sur votre pupille.

Mme DE LINIÈRES. Sur Euphrasie?. mais, monsieur...

LE COMTE, *souriant avec orgueil.* Oh ! je sais tout ce qu'il y a de distance entre la famille de Courbon et la mienne... mais quand je l'oublie... personne n'aura le droit de s'en souvenir... Mlle de Courbon ne peut manquer d'être bien élevée, d'avoir des sentimens conformes à son rang.

Mme DE LINIÈRES. Je reçois avec beaucoup de reconnaissance l'offre que vous voulez bien me faire ; ma pupille est digne, par sa naissance, par ses qualités, du haut rang où vous désirez la placer. Elle sera l'ornement de la famille qui aura le bonheur de la posséder ; mais, monsieur

le comte, consentir au nom de ma pupille à ce mariage, ne serait-ce pas abuser de mes droits sur elle?.. ne serait-ce point renier les siens à l'héritage que vous lui contestez... et reconnaître la justice de vos prétentions sur des biens qui n'ont pas encore cessé de lui appartenir ?

LE COMTE, *avec un orgueil aimable.* Pardon, madame, c'est moi qui, par ce mariage, abandonne mes droits au profit de ceux de Mlle de Courbon... C'est un sacrifice que je m'impose... sacrifice bien doux, qui contribuera au bonheur de mon neveu ainsi qu'à la fortune de votre pupille,

Mme DE LINIÈRES. Monsieur le comte, quand deux personnes plaident l'une contre l'autre, chacune croit son droit fondé. et c'est la position dans laquelle nous nous trouvons tous les deux.

LE COMTE, *avec hauteur.* Un homme comme moi n'élève que des prétentions justes, incontestables.

Mme DE LINIÈRES. Un homme comme vous, monsieur le comte, peut aisément s'aveugler !.. personne ici-bas n'est infaillible. (*Avec amertume.*) Nous nous abusons si étrangement dans les choses qui nous intéressent... il nous arrive si souvent de nous tromper dans les jugemens que nous portons des choses et des hommes!.. J'ai ici mon avocat, permettez que je l'appelle, que je le consulte devant vous... J'ai besoin d'être éclairée moi-même sur l'étendue ou la limite de mes droits de tutrice.

LE COMTE. Appelez, consultez votre avocat, madame...

Mme DE LINIÈRES, *sonne un domestique ; le domestique paraît.* Priez M. Patru de venir me parler.

LE COMTE. Je suis fâché de n'avoir pas aussi le mien.

Mme DE LINIÈRES. Celui-ci est un honnête homme... sa réputation est tellement établie... qu'une cause est à moitié gagnée quand il la plaide. Le voici.

SCÈNE IV.
LE COMTE, Mme DE LINIÈRES, PATRU.

Mme DE LINIÈRES. Approchez, monsieur Patru. (*Montrant le comte.*) Monsieur le comte d'Armaillé...

PATRU, *saluant.* J'ai l'honneur de présenter mes respects...

Mme DE LINIÈRES. Monsieur le comte nous apporte des paroles de paix.

PATRU. C'est généreux de la part d'un homme de guerre.

Mme DE LINIÈRES. En faveur d'une

union qu'il me propose, monsieur le comte veut bien faire l'abandon de ses droits.

PATRU. Ceci est moins généreux. Pour abandonner ses droits... il faudrait en avoir, et c'est ce que je nie.

LE COMTE, *avec hauteur*. Dans votre bouche, monsieur, cette assertion ne prouve rien, ne détruit rien *.

(Patru passe au milieu, Mme de Linières va s'asseoir.)

PATRU. Je vous demande pardon, monsieur le comte. J'ai l'habitude, en affaires, de ne jamais hasarder une parole qu'elle ne soit l'expression positive de ma conviction... il y a long-temps que votre famille a perdu tous ses droits sur les biens que vous réclamez.

LE COMTE. Vous convenez donc, Monsieur, que ces biens étaient notre propriété !

PATRU. Oui, monsieur le comte, ils étaient entrés dans votre famille par la voie la plus illégale, la plus condamnable... ils avaient été le prix du sang.

LE COMTE. Monsieur !..

PATRU. Sous Louis XI... un gentilhomme, Hyppolyte de Courbon, se trouva impliqué dans la conspiration du duc de Nemours... il fut dénoncé par un de vos ancêtres... il était riche... et ses biens, confisqués par l'ordre du prince, devinrent la récompense de son dénonciateur...

LE COMTE. Il n'appartient point à un sujet de critiquer les actes de la justice de son roi.

PATRU. Mais le coupable seul doit être atteint... et non pas l'innocent... En confisquant les biens du père qui est criminel, vous punissez le fils qui ne l'est pas... vous poursuivez, dans les enfans nés et à naître, la réparation d'une offense à laquelle ils sont totalement étrangers... La confiscation est un acte arbitraire... une mesure injuste, cruelle, tyrannique !.. c'est une spoliation royale...

LE COMTE. Parbleu ! monsieur l'avocat, je serais fort aise de savoir alors comment vous soutiendrez les droits de Mlle de Courbon, qui ne se fondent que sur un acte semblable.

PATRU. Distinguons : au siége de la Rochelle, sous Louis XIII... un Courbon, Joseph-Ferdinand, se fait remarquer par des faits d'armes éclatans... il reçoit pour récompense une partie des biens d'un comte Alexis d'Armaillé, qui servait dans l'armée rebelle commandée par M. de Soubise... mais cette nouvelle confiscation devint, par le plus grand hasard, un acte

* Le Comte, Patru, Mme de Linières.

de justice, une réparation. Les biens que possédait votre aïeul étaient précisément ceux dont on avait dépouillé l'ancienne famille de Courbon... On ne donna pas à M. de Courbon de nouveaux biens, on lui rendit les siens !.. La différence est grande !. Eh ! croyez-vous donc, monsieur le comte, que s'il se fût agi d'une confiscation pure et simple, injuste comme elles le sont toutes, l'avocat Patru aurait prêté sa voix pour la défendre ? Non, j'ai une plus haute idée de la mission qui nous est confiée. Tout avocat qui fait taire sa conscience pour plaider une cause injuste, mériterait de prendre devant ses juges la place de son client.

Mme DE LINIÈRES, *se levant*. Aussi ma confiance égale-t-elle mon estime pour vous. Avant d'accueillir une proposition qui pouvait faire douter des droits d'Euphrasie, j'ai voulu savoir de vous si je devais accepter ou refuser.

PATRU. Ne refusez jamais un arrangement.

LE COMTE, *souriant*. Quoi, monsieur, l'avocat qui paraît si sûr des droits de sa cliente ?..

PATRU. Les droits les plus clairs peuvent cesser de l'être devant des juges... à qui Dieu a quelquefois refusé les lumières nécessaires pour bien juger... Tant qu'on peut se passer d'avocat, on fait bien : les affaires les plus simples, ils les embrouillent quelquefois ; les affaires embrouillées, ils ne les débrouillent pas toujours, et leurs paroles peuvent avoir de funestes résultats !.. Quand nous plaidons, la chaleur de l'improvisation nous emporte parfois plus loin que nous ne voudrions : nos attaques sont vives... acerbes... poignantes... et après l'arrêt qui le condamne, le vaincu garde long-temps le souvenir des blessures qui ont précédé sa défaite... La haine se glisse alors dans les familles... elle s'y enracine !.. elle passe aux enfans comme une partie de l'héritage, et ces haines-là, fruit de quelques paroles imprudentes, deviennent par la suite la source de grands malheurs... un arrangement efface tout, et ne blesse personne ; tout le monde y trouve son compte... excepté l'avocat...

Mme DE LINIÈRES. Vous me conseillez donc ?..

PATRU. De vous entendre avec monsieur le comte, de terminer par le mariage qu'il vous propose un procès dont la publicité pourrait occasioner du scandale.... Nous serions obligés de fouiller dans le passsé... et il y a si peu de familles nobles, en

France, qui soient à l'abri de tout reproche !.. (*Le comte le regarde avec hauteur.*) Monsieur le comte, vous avez eu là une pensée d'homme de bien, et je vous en félicite. Maintenant que vous pouvez tous les deux vous passer de mon ministère, je reprends le chemin de ma solitude.

LE COMTE. Vous n'habitez point Paris ?

PATRU. Non, monsieur le comte; sa vue réveille en moi un souvenir si douloureux !

Mme DE LINIÈRES. Quoi donc ?

PATRU. Un malheur que je ne souhaiterais pas à mon plus cruel ennemi.

Mme DE LINIÈRES. Monsieur Patru, seriez-vous assez bon pour faire dire à Euphrasie que je l'attends ?

PATRU. Volontiers, madame.

SCÈNE V.
LE COMTE, Mme DE LINIÈRES.

LE COMTE. Pour un avocat, cet homme est assez raisonnable !..

Mme DE LINIÈRES. Mais, monsieur le comte, l'obstacle le plus grand n'est pas encore levé.

LE COMTE. Je n'en prévois pas.

Mme DE LINIÈRES. Tutrice de Mlle de Courbon, je lui tiens lieu de mère, je l'aime comme ma fille...

LE COMTE. Et vous ne refuseriez pas pour votre fille l'alliance dont il est question.

Mme DE LINIÈRES. C'est selon.

LE COMTE. Comment ?..

Mme DE LINIÈRES. Si j'étais bien assurée que cette alliance dût faire son bonheur.

LE COMTE. Vous en doutez !.. un rang à la cour, une fortune immense.... une famille alliée aux plus puissantes maisons de l'Europe.

Mme DE LINIÈRES. Vous ne me parlez pas de son époux.

LE COMTE. J'ai déjà eu l'honneur de vous dire qu'il était mon neveu...

Mme DE LINIÈRES. C'est beaucoup, monsieur le comte ; mais le mariage est une chose sainte, sacrée : c'est un engagement irrévocable, pris devant Dieu, aux pieds des autels... Là, on fait le serment d'aimer... toute sa vie... l'homme au sort duquel on vient d'unir sa destinée : ce serment doit partir du cœur, et non des lèvres... pour cela, il faut aimer l'homme auquel on promet la fidélité d'une vie entière. Un mariage sans amour, c'est un bien grand malheur... c'est un supplice de tous les jours....

LE COMTE. Pardon, madame; j'ai l'habitude de voir les choses de plus haut...

Le mariage, entre gens de qualité, a un but plus noble, plus important que la satisfaction de ceux qui le contractent... c'est de conserver les biens, les titres, les priviléges des familles, d'empêcher le morcellement des héritages... J'ai le malheur de ne pas croire à la durée de ces passions bourgeoises qui font consister le bonheur d'un homme dans ses affections domestiques.

Mme DE LINIÈRES, *à part*. Et voilà l'homme que j'ai aimé !

SCÈNE VI.
LE COMTE, Mme DE LINIÈRES, EUPHRASIE.

EUPHRASIE, *accourant*. Vous me demandez, ma bonne amie ?.. (*Apercevant le comte.*) Ah !...

(Euphrasie fait la révérence.)

Mme DE LINIÈRES. Monsieur, lorsque je reçus cette enfant des mains de sa mère mourante, je promis de veiller sur elle, de me consacrer à son éducation, à son bonheur... Jusqu'à présent, je crois avoir fidèlement rempli ma promesse.

(Euphrasie se jette dans ses bras et l'embrasse.)

EUPHRASIE. Oh ! vous êtes pour moi la meilleure des mères.

LE COMTE. Je n'en doutais point.

Mme DE LINIÈRES. Euphrasie a dix-huit ans...

EUPHRASIE. Dix-sept, ma bonne amie.

Mme DE LINIÈRES. Elle est bien jeune encore pour se marier.

EUPHRASIE. Me marier !... moi !.. ah ! mon Dieu !...

LE COMTE. Cela vous effraie, ma belle demoiselle.

Mme DE LINIÈRES. Je la laisse entièrement maîtresse de son choix. Je veux que ma fille... épouse un homme digne de son affection, de son amour... Or, pour bien juger de la sincérité de l'homme qui recherche notre alliance... quelques jours, quelques actions ne suffisent pas !.. Il est si facile d'affecter des dehors aimables... de cacher la laideur de son âme sous l'aspect de formes gracieuses et polies... de feindre des sentimens... qu'on n'éprouve point... Et puis, monsieur le comte... vous le savez... on abuse quelquefois de la faiblesse, de la crédulité d'une enfant... que sa jeunesse et son inexpérience rendent dévouée et confiante. (*S'arrêtant et se détournant, à part.*) Je sens que j'irais trop loin.

LE COMTE. Cette défiance-là m'étonne plus qu'elle ne me blesse... j'en respecte la source... elle est prise dans un motif si honorable... Mais elle est ici tout-à-fait hors de saison, une fois les articles convenus, le contrat dressé...

Mme DE LINIÈRES, *vivement.* On peut encore... (*S'arrêtant et à part.*) Ah ! j'allais me trahir...

EUPHRASIE, *à part.* Ah çà ! avec qui me marie-t-on donc ?

DOMINIQUE. Monsieur le marquis de Sannois !

LE COMTE. C'est mon neveu, madame, à qui j'avais promis de vous le présenter ce matin.

SCENE VII.
LE MARQUIS, LE COMTE, Mme DE LINIÈRES, EUPHRASIE.

LE MARQUIS. Madame.... mademoiselle... je viens, sous les auspices de mon oncle, vous offrir mes hommages..

LE COMTE. Vous voyez, madame, un jeune gentilhomme qui sera duc et pair... un jour... qui apportera à sa future trois millions et demi de biens en terres seigneuriales et de franc alleu.

EUPHRASIE, *à part.* J'espère que ce ne sont pas ces terres-là qu'on veut me faire épouser !...

LE MARQUIS. Heureux, madame, si de pareils avantages sont de quelque prix à vos yeux, et s'ils m'assurent votre approbation aux projets que mon oncle a conçus.

EUPHRASIE, *à part.* C'est qu'il me regarde tout de bon.

LE COMTE. Madame, j'aime à conduire les choses vite et bien ; j'exécute aussitôt que j'ai résolu... j'ai toujours agi ainsi... Je resterai à Paris quinze jours; ce temps-là est plus que suffisant pour terminer l'objet qui nous occupe. Vous désirez que votre charmante pupille soit à même d'apprécier et de connaître les qualités, les sentimens de mon neveu; persuadé qu'il ne peut que gagner à cet examen, j'y consens volontiers; une première entrevue peut abréger bien des délais... épargnons le temps... laissons nos jeunes gens en présence... qu'ils s'interrogent, qu'ils s'étudient... il y a, comme disent ceux qui font des livres... des sympathies qui éclatent et se déclarent au premier abord.

(*Le comte parle bas à son neveu.*)

Mme DE LINIÈRES, *à demi-voix.* Euphrasie?...

EUPHRASIE. Mon Dieu!... est-ce que vous allez me laisser seule avec ce monsieur que je ne connais pas ?

Mme DE LINIÈRES. M. le comte m'a fait l'honneur de me demander ta main pour son neveu.

EUPHRASIE. Vous l'avez refusée!... que vous êtes bonne !

Mme DE LINIÈRES. Non, chère enfant... il faut te conduire avec prudence. Ce mariage mettrait fin au malheureux procès qui menace une partie de ta fortune.

EUPHRASIE. Qu'il prenne ma fortune et qu'il laisse ma main.

Mme DE LINIÈRES. Refuser quelqu'un sans l'entendre..... cela pourrait passer pour du caprice... du dédain... et blesser un homme puissant que tu as intérêt à ménager.

EUPHRASIE. Moi!.. pas le moins du monde...

Mme DE LINIÈRES. Au surplus cette entrevue ne t'engage à rien...

(*Elle continue de lui parler bas.*)

LE COMTE, *à son neveu.* Souvenez-vous surtout que l'essentiel est de plaire!

LE MARQUIS, *avec fatuité.* Je plairai... mon oncle.

LE COMTE. Oubliez pour un instant vos grands airs; pas de hauteur déplacée... soyez aimable, poli...

LE MARQUIS. Je serai humble et soumis... j'ai reçu des leçons de M. le marquis de Lauzun.

Mme DE LINIÈRES. Monsieur le comte, je suis à vous.

(*Ils se donnent la main et sortent.*)

SCENE VIII.
LE MARQUIS, EUPHRASIE.

LE MARQUIS, *à part.* Elle est vraiment jolie !...

EUPHRASIE, *à part.* Mais, mon Dieu !.. qu'est-ce que je vais donc lui dire à ce monsieur-là?

LE MARQUIS, *s'avançant.* Mademoiselle...

EUPHRASIE, *se reculant.* Monsieur?..

LE MARQUIS. Mon oncle, toujours occupé de mon bonheur, a rencontré la seule personne au monde digne de s'en charger.

EUPHRASIE. Ah!..

LE MARQUIS. Votre modestie vous empêche de deviner?

EUPHRASIE, *naïvement.* Je ne cherche pas...

LE MARQUIS. Et sur quelle autre que vous, mademoiselle, mon oncle aurait-il jeté les yeux pour assurer le bonheur de ma vie?

EUPHRASIE, *effrayée.* Sur moi, monsieur!

LE MARQUIS, *avec une galanterie affectée.* C'est sans doute une grande témérité de ma part que de prétendre à l'avantage de vous plaire... que d'aspirer à l'honneur de vous faire porter un nom que l'on est accoutumé à regarder comme un des plus beaux du royaume... mais j'espère tout du temps... de mes soins... et de votre bonté.

EUPHRASIE. Monsieur, je suis fort heureuse auprès de Mme de Linières ; mon intention est de ne jamais la quitter.

LE MARQUIS. Votre beauté, mademoiselle, vous appelle à Versailles ; votre place est marquée parmi les personnes distinguées, dont la présence embellit la cour de Louis XIV.

EUPHRASIE. L'obscurité, monsieur, sied à mon âge, convient à mes goûts.

LE MARQUIS. Mais enfin, mademoiselle... vous vous marierez ?

EUPHRASIE. Mon Dieu ! monsieur, si je devais toute la vie penser comme je pense en ce moment... je vous dirais : Non, je ne me marierai jamais.

LE MARQUIS. Je ne puis croire à cette résolution. Enfouir tant d'attraits ! condamner à la solitude des charmes qui appellent les hommages de l'univers entier !...

EUPHRASIE, *à part.* Hein ! si on voulait faire la coquette !..

LE MARQUIS. Mais peut-être un autre plus heureux a-t-il touché ce cœur que je cherche en vain à émouvoir ? peut-être une autre tendresse a-t-elle trouvé grâce à vos yeux ?

ꙨꙨꙨꙨꙨꙨ

SCENE IX.
LE MARQUIS, EUPHRASIE, LÉON.

(Léon s'est arrêté sur le seuil de la porte ; il a entendu la dernière phrase du marquis.)

LÉON, *de la porte.* Mlle de Courbon n'est pas dans l'habitude de répondre à de semblables questions.

LE MARQUIS, *avec hauteur.* Monsieur !

EUPHRASIE, *avec crainte.* Léon !

LE MARQUIS, *furieux.* Je vous trouve bien hardi de venir vous placer en tiers dans un entretien qui vous est tout-à-fait étranger.

LÉON, *avec dignité.* Je connais une hardiesse encore plus grande.. c'est de vouloir pénétrer les secrets d'une jeune fille !... de quel droit !

EUPHRASIE, *avec douceur.* Mon ami, c'est par ordre de Mme de Linières.

LÉON. Par son ordre !..

EUPHRASIE. Monsieur est le neveu du comte d'Armaillé.

LÉON. De votre ennemi ?...

EUPHRASIE. Un arrangement.. une transaction avait été proposée par M. le général.

LÉON, *ironiquement.* Je conçois ce nouveau marché... votre liberté rachetait votre fortune.

LE MARQUIS, *avec arrogance.* Je vous déclare que je ne souffre point qu'on interprète, ou que l'on qualifie les intentions de mon oncle.

LÉON, *avec beaucoup de chaleur et d'ironie.* Comment donc !.. elles se qualifient d'elles-mêmes... disputer à une jeune orpheline l'héritage de ses parens ! chercher à la dépouiller d'une fortune, dont sa famille a joui sans obstacle... et quand on s'aperçoit du peu de fondement de ses prétentions, quand on voit échapper ces biens, sur lesquels on avait osé jeter un œil de convoitise... essayer de les ressaisir en imposant une alliance... que je ne qualifierai pas.... cette combinaison fait beaucoup d'honneur à l'adresse de M. votre oncle.

LE MARQUIS, *furieux.* Monsieur !..

EUPHRASIE, *vivement.* Non, Léon, l'on ne m'a rien imposé.. j'ai toujours été libre.. Mme de Linières, en m'ordonnant d'écouter monsieur, ne m'a pas même parlé en sa faveur ; elle a fait plus, car elle m'a assuré qu'elle ne contraindrait jamais ma volonté dans le choix d'un époux. (*Au marquis qui paraît étonné.*) C'est mon frère, monsieur, mon ami d'enfance... l'amitié qu'il me porte le rend quelquefois injuste à l'égard des autres... et dans ce moment, elle l'a peut-être entraîné trop loin... mais si vous le connaissiez... si vous pouviez apprécier les nobles qualités de son cœur...

LÉON, *avec impatience.* Euphrasie...

EUPHRASIE, *sans l'écouter.* Vous l'aimeriez comme nous... permettez, monsieur, qu'ici se termine un entretien où, à défaut d'autres qualités, j'ai du moins fait preuve d'une grande franchise. N'attribuez ma résolution à aucun motif qui vous soit personnel... rien de blessant pour vous dans ma détermination ; mais croyez bien qu'elle est irrévocable.

LE MARQUIS. Mademoiselle, j'espère que lorsque vous serez seule... dégagée de toute influence... vous réfléchirez à l'honneur de l'alliance qui vous est proposée !... aux avantages brillans qui y sont attachés..... ma famille n'est point accoutumée aux refus...

(*Euphrasie salue en silence.*)

EUPHRASIE, *à part, en sortant.* Prévenons Mme de Linières.

SCENE X.
LE MARQUIS, LÉON.

LÉON, *entre ses dents.* Il faudra bien qu'elle s'y habitue.

LE MARQUIS, *qui n'a pas entendu les paroles.* Vous dites ?..

LÉON, *sèchement.* Que le langage de Mlle de Courbon est clair et positif.

LE MARQUIS, *avec impudence.* Et s'il ne me plaît pas , à moi, de le trouver ainsi!

LÉON, *très-sèchement.* C'est pourtant ce que vous auriez de mieux à faire.

LE MARQUIS. Trève de conseils!

LÉON, *avec une colère concentrée.* Je ne vous en donnerai qu'un... c'est d'abandonner toute prétention sur le cœur et la main de Mlle Euphrasie de Courbon.

LE MARQUIS, *avec insolence.* Je vois, monsieur, que vous ignorez à qui vous avez l'honneur de vous adresser en ce moment.

LÉON, *l'imitant.* L'ignorance est égale des deux côtés.

LE MARQUIS, *avec fatuité et impertinence.* J'appartiens, par ma mère, aux Craon d'Armaillé!.. je suis allié aux Maillebois, aux Montaigu , aux Grammont, aux Choiseul... et par-desssus tout... je suis le dernier de ma famille.

LÉON, *avec une noble fierté.* Moi, monsieur, je suis le premier de la mienne.

LE MARQUIS, *légèrement.* On me nomme le marquis de Samnois...

LÉON, *vivement.* On me nomme.. (*s'arrêtant*) je me nommerai les armes à la main.

LE MARQUIS, *avec dédain.* Un duel! est-ce que vous m'avez cru d'humeur à prêter collet au premier venu?

LÉON. Quand le premier venu est un homme d'honneur.

LE MARQUIS. Est-ce une raison pour prétendre à se mesurer avec un gentilhomme !

LÉON. Alors, que le gentilhomme renonce à ses projets.. d'alliance, et l'homme d'honneur n'aura plus rien à démêler avec lui.

LE MARQUIS, *avec une insolence bien froide.* Je ne reconnais à qui que ce soit au monde le droit de m'imposer la moindre condition... et Mlle de Courbon me plaît beaucoup plus depuis que ce mariage a le malheur de vous déplaire.

LÉON. C'est dommage... car ce mariage ne se fera pas... en ma présence...

LE MARQUIS, *avec persiflage.* Je n'ai jamais eu l'intention de vous prendre pour témoin.

LÉON. Monsieur, ne me poussez pas à bout... et, croyez-moi, renoncez à des pro_

jets qui ne s'effectueront jamais.... car la main qui m'aura donné la mort ne pressera pas celle d'Euphrasie.

LE MARQUIS, *légèrement et froidement.* Je ne m'étonne que d'une chose, c'est de la patience que j'apporte à vous écouter ; je ne sais, mon cher monsieur, qui vous êtes, et n'ai pas, le moins du monde, envie de le savoir ; je m'inquiète fort peu de l'intérêt que vous inspire Mlle de Courbon... mais si cette alliance est utile aux projets du comte d'Armaillé, de mon oncle... j'épouserai... car, dans notre maison, nous tenons peu de compte des obstacles qui partent de si bas.

LÉON. Misérable ! (*Il s'arrête.*) Ciel !

SCENE XI.
LE MARQUIS , Mme DE LINIÈRES , LÉON.

Mme DE LINIÈRES. Eh bien! qu'est-ce ?. qu'avez-vous, Léon ?.. et pourquoi cette agitation, ce trouble ?.. Est-ce ainsi que vous faites à M. le marquis les honneurs de l'hôtel de Linières ?

LE MARQUIS. J'espère que monsieur Léon me saura gré de le dispenser de ce soin.

LÉON, *avec intention.* Pourquoi donc, monsieur ? je suis prêt à vous accompagner partout.

LE MARQUIS, *avec fatuité.* Votre pupille, madame, est charmante ; l'embarras inséparable d'une première entrevue... et cette pudeur naturelle à une demoiselle de qualité... ne lui ont pas permis de se prononcer aussi franchement que je l'avais espéré... un second entretien sera plus heureux.

LÉON, *à part.* Le fat !

LE MARQUIS. Je retourne auprès de mon oncle, dont l'influence hâtera la conclusion d'une affaire qui nous intéresse tous.... Je vous offre d'avance, madame, tous mes remercîmens pour la part que vous avez daigné y prendre. (*Avec ironie.*) Et je prie monsieur Léon d'être bien persuadé que la conversation de tout-à-l'heure n'a pas laissé la moindre trace dans ma mémoire.

LÉON, *à part, pendant que Mme de Linières regarde le marquis s'éloigner.* J'étouffe... et n'avoir pas un nom à jeter à la pointe de son épée !

SCÈNE XII.
Mme DE LINIÈRES, LÉON.

Mme DE LINIÈRES. Que veulent dire ces paroles?

LÉON. Je l'ignore moi même.

Mᵐᵉ **DE LINIÈRES.** Vous me trompez.

LÉON. Moi !

Mᵐᵉ **DE LINIÈRES.** Tout-à-l'heure vous vous êtes jeté, comme un étourdi, à travers un entretien que j'avais autorisé.

LÉON, *embarrassé.* Je vous assure...

Mᵐᵉ **DE LINIÈRES.** Euphrasie est venue en courant me prier d'arrêter une discussion qui pouvait devenir sérieuse ; elle a craint qu'il ne vous échappât de ces mots qui tuent. Léon, me faudra-t-il donc toujours craindre les mouvemens de ce caractère irascible, impétueux, que rien n'arrête, ne retient ? Se passe-t-il un seul jour ici sans que vous me donniez un nouveau sujet d'inquiétude.... et pourtant, Dieu connaît toute ma sollicitude pour vous.... Voyons, que vous manque-t-il ? que pouvez-vous désirer ?

LÉON. Ce qui me manque... ce que je désire ?..

Mᵐᵉ **DE LINIÈRES.** Oui, parlez.

LÉON. Vous m'avez dit l'autre jour que j'étais noble ?

Mᵐᵉ **DE LINIÈRES.** Eh bien ?

LÉON. Si je suis noble... j'ai des parens, une famille...

Mᵐᵉ **DE LINIÈRES,** *tristement.* Vous n'avez ni parens, ni famille.

LÉON. J'ai un nom du moins ?

Mᵐᵉ **DE LINIÈRES.** Un nom !

LÉON. Faites-le-moi connaître.

Mᵐᵉ **DE LINIÈRES.** Moi !

LÉON. Qui suis-je ?

Mᵐᵉ **DE LINIÈRES,** *avec tristesse.* Qui vous êtes, Léon ?.. un enfant que j'ai recueilli.. et qui, pour prix de l'amitié que j'ai pour lui, me causera bien des peines.

LÉON. Ah ! le ciel me préserve jamais de vous causer un regret... une larme !.. peut-être pensez-vous que je médite un lâche abandon ?.. en quittant cet hôtel pour aller réclamer un état dont on m'a dépouillé à ma naissance... Oh ! détrompez-vous... je ne poursuivrai point de mes plaintes la mère assez dénaturée pour avoir abandonné son enfant !.. je ne connais de mère que vous... que celle qui a prodigué à mon enfance, à ma jeunesse les tendres soins dont s'est dispensée celle qui m'a donné le jour... ma mère, c'est vous !.. vous que j'aime, que je respecte... l'autre... je la... je la hais.

Mᵐᵉ **DE LINIÈRES.** Haïr sa mère ! ah ! Léon, si elle vous entendait !

LÉON. Elle vit !.. elle est donc encore plus coupable que je ne le croyais !

Mᵐᵉ **DE LINIÈRES,** *sévèrement.* Coupable, monsieur, et qui vous a donné le droit de la juger ?.. savez-vous ce qu'elle a souffert, ce qu'elle souffre peut-être encore de l'obstacle qui vous sépare ?.. savez-vous de quel intérêt il est pour elle... (*appuyant*) pour vous, que les liens qui vous unissent l'un à l'autre soient complètement ignorés de tout le monde ?

LÉON. Mais de moi... de moi ?

Mᵐᵉ **DE LINIÈRES.** De vous tout le premier !..

LÉON. Eh bien ! si ma naissance est un malheur... si je suis l'enfant du crime !.. écrasez-moi du nom de ma mère !..

Mᵐᵉ **DE LINIÈRES,** *avec dignité.* Ce que vous me demandez est impossible !

LÉON. Impossible ! ah ! si vous saviez combien il m'importe de connaître le nom qui m'était destiné.

Mᵐᵉ **DE LINIÈRES,** *avec une dignité de mère.* Ce nom doit à jamais être un secret pour vous.

LÉON. Vous me refusez ?

Mᵐᵉ **DE LINIÈRES.** Oui.

LÉON. Prenez-y garde !

Mᵐᵉ **DE LINIÈRES,** *blessée.* Une menace !..

LÉON. Un pressentiment !..

Mᵐᵉ **DE LINIÈRES,** *effrayée.* Que voulez-vous dire ?

LÉON, *sortant en désordre.* Ce nom que vous me refusez aujourd'hui, vous l'écrirez peut-être demain sur ma tombe.

(Il sort.)

Mᵐᵉ **DE LINIÈRES.** Sur sa tombe !

ACTE III.

Même décor qu'au premier acte.

SCÈNE PREMIÈRE.

LE COMTE, Mᵐᵉ DE LINIÈRES

LE COMTE. Oui, madame, les choses se sont passées ainsi... ce jeune homme, perdant le souvenir de ce qu'il vous devait de reconnaissance... de ce qu'il doit de respect au nom des d'Armaillé, s'est oublié jusqu'à provoquer mon neveu.

Mᵐᵉ **DE LINIÈRES.** Je sais, monsieur le comte, que Léon est très-vif, très-impatient... mais qu'il ait, sans aucune raison, provoqué monsieur votre neveu... cela me semble presque impossible... Êtes-vous bien sûr que M. le marquis n'a point, par son ton, par ses paroles, irrité ce jeune homme, dont la susceptibilité aura été d'autant plus grande, que la blessure sera partie de plus haut?

LE COMTE. Le marquis sait son monde... c'est un gentilhomme très-poli.

Mme DE LINIÈRES. L'excès de la politesse touche de bien près à l'offense.

LE COMTE. Au point où en sont les choses entre nous, je ne pense pas que vous puissiez me refuser la satisfaction que je suis venu vous demander.

Mme DE LINIÈRES. Si elle est juste.

LE COMTE. D'après l'éclat d'hier, le cartel qu'il a plu à ce monsieur d'adresser ce matin à mon neveu...

Mme DE LINIÈRES, *effrayée*. Un duel!..

LE COMTE. Qui n'a pas été accepté... qui ne pouvait pas l'être... Ça ne doute de rien... ça s'imagine qu'un gentilhomme ira perdre son temps... (*Il hausse les épaules.*) (*A Mme de Linières, sérieusement.*) Vous ne pouvez plus garder cet insensé-là chez vous.

Mme DE LINIÈRES. Vous dites, monsieur le comte?..

LE COMTE. Il a l'audace d'aimer Mlle de Courbon.

Mme DE LINIÈRES. Elle et lui ont été élevés ensemble... leur amitié est déjà bien vieille.

LE COMTE. Rendez-le à sa famille.

Mme DE LINIÈRES. A sa famille!.. il n'en a pas.

LE COMTE. Alors, envoyez-le moi.

Mme DE LINIÈRES. A vous!..

LE COMTE. Je le placerai dans un régiment... Je le ferai passer aux colonies...

Mme DE LINIÈRES. L'éloigner de moi?

LE COMTE. Mon neveu ne peut pas rester exposé aux insultes de ce monsieur que je ne connais pas... mais qui me paraît passablement orgueilleux.

Mme DE LINIÈRES, *soupirant, en regardant le comte*. Ah! oui, orgueilleux!..

LE COMTE... Du reste, si vous vous y intéressez...

Mme DE LINIÈRES. Beaucoup.

LE COMTE. On lui procurera un brevet de lieutenant.

Mme DE LINIÈRES. Mais, monsieur le comte, je n'ai pas dit... que je consentais à m'en séparer...

LE COMTE. Il le faut, madame.

Mme DE LINIÈRES. Et c'est vous qui l'exigeriez!..

LE COMTE. Je ne laisserai point à ce monsieur une liberté dont il pourrait abuser... rien n'est sacré pour ces sortes de gens... Le rang, la naissance ne leur imposent point... un malheur est bientôt consommé!.. malheur irréparable!.. qu'il est de mon devoir de prévenir... d'empêcher!..

Mme DE LINIÈRES, *avec ironie amère*. En vérité, monsieur le comte, quand il s'agirait d'un de vos fils...

LE COMTE. C'est bien plus, c'est mon héritier, madame... Je donnerais ma vie pour la sienne!... un million pour être assuré que mon nom ne s'éteindra point avec lui!.. Vous ignorez l'anxiété d'un homme qui craint de voir l'avenir fermé à sa race, le nom qu'il a reçu de ses aïeux disparaître à jamais du nobiliaire de France... Ah! sans ce neveu... le seul, le dernier de notre maison... comment aurais-je pu supporter la perte de mes fils?

Mme DE LINIÈRES. Eh bien! monsieur le comte, cette affection que vous portez à votre neveu... moi, je la ressens pour le jeune homme dont vous voulez que je me sépare!.. Je l'ai vu naître... ses parens l'ont abandonné... moi, je l'ai recueilli, élevé... je l'ai attaché à ma personne, et j'ai eu pour lui les soins, l'amitié... la faiblesse d'une mère... A tort ou à raison... j'ai fait de son bonheur l'occupation de toute ma vie... Veuve et maîtresse de ma fortune... c'est à lui que je la destine.

LE COMTE. Je ne m'étonne plus...

Mme DE LINIÈRES, *avec dignité*. Il l'ignore.

LE COMTE. Ce sont vos bontés qui l'ont perdu... qui lui ont inspiré cette ridicule vanité de traiter d'égal à égal avec nous.

Mme DE LINIÈRES. Monsieur le comte... Léon, j'en suis sûre, est bien moins coupable que vous ne pensez.. il y a plus que de l'exagération dans les rapports de votre neveu... on voit si mal dans les choses qui nous blessent... Et puis, on n'est pas toujours juste envers celui que l'on regarde comme un rival... dangereux. Vous ne pouvez pas condamner Léon sans l'entendre... voyez-le.

LE COMTE. Moi! me commettre!..

Mme DE LINIÈRES, *insistant avec grâce*. Voyez-le... écoutez-le, je vous en prie... qui sait, si en le voyant, vous n'éprouverez pas quelque pitié pour lui!.. si ses accens n'éveilleront pas en vous... quelque émotion, quelque sympathie, qui lui sera favorable... (*En disant cela, elle s'est rapprochée de la table et a pris la sonnette; un domestique paraît.*) Priez M. Léon de descendre ici.

(Le domestique paraît.)

LE COMTE. Tout ce qu'il pourra me dire, ne me fera point changer de résolution.

Mme DE LINIÈRES, *avec bonté*. N'en avez-vous donc jamais changé?..

LE COMTE. A moins qu'il ne déclare positivement que son intention n'a point été d'offenser le marquis.

Mme DE LINIÈRES. Il le déclarera.

LE COMTE. Qu'il désavoue le billet qu'il lui a écrit ce matin.

Mme DE LINIÈRES. Nous essaierons de l'y faire consentir.

LE COMTE. Et qu'il s'engage, pour l'avenir, à respecter les droits de mon neveu.

Mme DE LINIÈRES. L'époux choisi par Euphrasie n'aura jamais rien à redouter de Léon.

SCÈNE II.
LE COMTE, EUPHRASIE, Mme DE LINIÈRES.

EUPHRASIE. Vous avez fait demander M. Léon... on ne le trouve nulle part.

Mme DE LINIÈRES. A son cabinet d'étude?

EUPHRASIE. On a été partout... à sa chambre, au jardin... au pavillon, les domestiques disent qu'on ne l'a pas vu depuis ce matin.

Mme DE LINIÈRES, *avec un peu d'inquiétude*. Il ne tardera pas sans doute à rentrer... (*Au comte.*) Soyez certain, monsieur le comte, que je lui ferai sentir toute l'inconvenance de sa conduite.

EUPHRASIE. Et son injustice surtout.

Mme DE LINIÈRES. Qu'appelles-tu son injustice?

EUPHRASIE. Puisque voilà M. le comte, voulez-vous me permettre de m'expliquer bien franchement devant lui?

LE COMTE. Parlez, parlez, mademoiselle.

EUPHRASIE. Ah! monsieur, vous avez eu une idée de mariage qui causera de la peine à bien du monde... à moi d'abord.

LE COMTE. A vous, mademoiselle? J'aurais cru que vous apprécieriez l'honneur d'une pareille alliance.

EUPHRASIE. Ah! monsieur le comte, c'est beaucoup d'honneur, c'est trop d'honneur pour une jeune fille qui n'attache aucun prix au faste, à l'opulence, aux grandeurs, et qui leur préfère une vie obscure et tranquille.

LE COMTE. A votre âge, mademoiselle, on se trompe quelquefois sur ses sentimens.

EUPHRASIE. Cela se peut; il est possible que le temps vous donne raison; mais enfin, il s'agit aujourd'hui du présent et non de l'avenir... on ne me propose pas de m'épouser dans dix ans, on veut me marier tout de suite.

Mme DE LINIÈRES. Dans quelques mois.

LE COMTE. Mon neveu aurait-il le malheur de vous déplaire?

EUPHRASIE. Je le trouverais charmant, s'il ne voulait pas m'épouser.

LE COMTE. C'est un gentilhomme en crédit à la cour... et à qui vous plaisez beaucoup.

EUPHRASIE. Ce n'est pas ma faute.

LE COMTE. Vous n'avez pas l'intention de repousser ses hommages?

EUPHRASIE. Quand on aime quelqu'un, souffrir les hommages d'une autre personne qui peut se faire illusion sur le sentiment qu'elle vous inspire, et prendre la patience qu'on met à l'écouter, pour du plaisir qu'on aurait à l'entendre... ce serait mal... ce serait plus que de la coquetterie... ce serait tromper celui qu'on n'aime pas, et affliger celui qu'on aime.

Mme DE LINIÈRES, *voulant l'empêcher d'aller trop loin*. Euphrasie!

EUPHRASIE. Je ne saurais accepter les hommages de M. le marquis de Sannois.

LE COMTE. Mademoiselle...

EUPHRASIE. Ce serait lui laisser concevoir des espérances... qu'il me serait impossible de réaliser.

LE COMTE. Vous n'avez pas pu, dans une première entrevue, apprécier le marquis.

Mme DE LINIÈRES. Réfléchis bien.

EUPHRASIE. Une première entrevue m'a révélé tout le danger qu'il y aurait à en permettre une seconde.

LE COMTE, *galamment*. Le marquis est homme à braver ce danger-là.

EUPHRASIE. Vous plaisantez, monsieur le comte; moi, c'est sérieusement que je parle.

LE COMTE. Mademoiselle, quand je rencontre un obstacle, je le brise

EUPHRASIE. Vous en trouverez deux, monsieur le comte, devant lesquels vous échouerez: l'amour de Léon pour moi, mon amitié pour lui.

LE COMTE. Quoi! mademoiselle, vous osez avouer une inclination aussi... (*Un regard de Mme de Linières l'arrête; il reprend.*) Une Courbon, la petite nièce d'un maréchal de France... c'est une fantaisie, un caprice.

EUPHRASIE. Un caprice... non, monsieur le comte; vous allez en juger vous-même :

J'avais quatorze ans, lorsqu'un matin, au moment d'entrer dans la chambre de Mme de Linières, j'entendis prononcer mon nom par une voix qui n'était pas la sienne... je m'arrêtai, et j'entendis Mme de Breuille qui semblait craindre qu'une amitié trop intime ne s'établît entre Léon et moi. (*S'adressant à Mme de Linières.*) Oh! s'ils pouvaient s'aimer tous les deux, répondîtes-vous, ce serait le bonheur de ma vie....... ils s'épouseraient, ils ne me quitteraient plus... ah! que je serais heureuse, s'ils s'aimaient tous les deux!.. Ces mots-là me causèrent une émotion.... je n'osai pas troubler votre entretien... je m'en retournai lentement, réfléchissant à ce que je venais d'entendre... Je voulais bien vous faire plaisir, mais pourtant, je ne voulais pas me sacrifier; je m'examinai, je me consultai... et il se trouva que rien ne s'opposait à ce que ma bonne amie fût la plus heureuse femme du monde.

Mme DE LINIÈRES. Chère enfant!

EUPHRASIE. Cet amour était venu si doucement, si doucement, que je ne m'en étais pas aperçue; mais, il avait fait tant de chemin, qu'il était impossible de lui dire de s'en aller.

LE COMTE. Et vous avez souffert, autorisé un pareil oubli de toutes les convenances... ah! madame...

Mme DE LINIÈRES. Je l'avoue, monsieur le comte, j'ai désiré ce mariage... j'y attachais le bonheur de mes dernières années; et cependant, vous avez vu que loin de repousser les propositions que vous m'avez faites, j'ai laissé Euphrasie maîtresse de les accepter.

LE COMTE, *avec ironie.* Vous saviez d'avance...

EUPHRASIE. Rien, monsieur : que Mme de Linières ait soupçonné l'intérêt que m'inspire Léon ; je le crois, mais aucun mot sorti de ma bouche n'a jamais trahi le secret de mon cœur, et ce qui s'est passé hier, entre Léon et votre neveu, a pu seul me décider à faire devant vous un aveu qui ne devait être entendu que de ma mère.

Mme DE LINIÈRES, *à part.* Et Léon qui ne revient pas!

LE COMTE. A merveille! mademoiselle, je ne sais en vérité ce que je dois le plus admirer de cette singulière franchise qui blesse si ouvertement toutes les idées reçues, ou de cette condescendance inouïe à préparer une semblable mésalliance. Peut-être, madame, avez-vous trop compté sur un succès facile? Louis XIV ne souffre pas que sa noblesse déroge... et moi! moi!

gardien de l'honneur et du nom des d'Armaillé, je saurai mettre à l'abri de l'insulte et du péril le dernier rejeton de cette noble famille.

(Il sort.)

SCÈNE III.
Mme DE LINIÈRES, EUPHRASIE.

Mme DE LINIÈRES, *à part.* Ah! plus que jamais, mon secret doit mourir avec moi.

EUPHRASIE. Enfin me voilà bien assurée de n'être pas sa nièce.

Mme DE LINIÈRES. L'absence de Léon se prolonge... elle m'inquiète.

EUPHRASIE. Ce n'est pas la première fois.

Mme DE LINIÈRES. Oui; mais cette scène d'hier...

EUPHRASIE. Le soir même il paraissait l'avoir oublié... Ah! rassurez-vous, il est peut-être rentré. (*Elle sonne, un domestique paraît.*) M. Léon est-il revenu?

LE DOMESTIQUE. Non, mademoiselle.

Mme DE LINIÈRES. Envoyez-moi Dominique.

LE DOMESTIQUE. Oui, madame.

(Il sort.)

EUPHRASIE. Vous avez tort de vous alarmer à l'avance... je suis sûre qu'il n'est rien arrivé à Léon.

Mme DE LINIÈRES. Tu en es sûre?

EUPHRASIE. Oui.

Mme DE LINIÈRES. Et pourquoi donc trembles-tu en me le disant?

EUPHRASIE, *troublée.* Moi ?..

Mme DE LINIÈRES. Tu veux me rassurer, et tu es plus inquiète encore que moi!..

EUPHRASIE, *cherchant à se remettre.* Du tout !.. du tout !.. je vous jure...

SCÈNE IV.
DOMINIQUE, Mme DE LINIÈRES, EUPHRASIE,

DOMINIQUE. Madame m'a fait l'honneur de me demander?

Mme DE LINIÈRES. Oui, mon vieux Dominique... On a porté ce matin un billet à l'hôtel de M. le comte d'Armaillé?

DOMINIQUE. C'est moi, madame, qui l'ai porté.

Mme DE LINIÈRES. Vous?

DOMINIQUE. M. Léon m'a fait appeler... il était alors six heures qui venaient de sonner au couvent des Chartreux; il m'a dit d'aller à l'hôtel d'Armaillé... d'y demander M. le marquis de Sannois, et de lui remettre une lettre qu'il m'a donnée... J'ai obéi, comme c'était mon devoir... Je suis allé à l'hôtel... M. le marquis n'était point encore visible... j'ai attendu...

Mme DE LINIÈRES. Et la réponse ?..

DOMINIQUE. La réponse ?..

Mme DE LINIÈRES. Oui...

DOMINIQUE. On ne m'en a point donné.

Mme DE LINIÈRES. On ne vous a rien dit ?

DOMINIQUE. M. le marquis a demandé d'abord de quelle part je venais... J'ai répondu : de la part de M. Léon... Alors, il s'est mis à ricaner, à pirouetter sur ses talons... Il a demandé ses chevaux pour Marly... Quand j'ai vu qu'il posait le billet sur la cheminée sans l'ouvrir... je lui ai dit que M. Léon m'avait ordonné de lui apporter la réponse ; alors, M. le marquis a brisé le cachet ; il a lu le billet, et l'a jeté au feu, en me disant : Voilà la réponse que j'y fais.

EUPHRASIE, *à part*. Quelle insolence !

Mme DE LINIÈRES, *vivement*. J'espère que vous n'avez pas rapporté cela à Léon ?

DOMINIQUE. Madame sait bien que je n'ai pas l'habitude de mentir.

Mme DE LINIÈRES. Vous lui avez dit?..

DOMINIQUE. La vérité sur tout ce qu'il m'a demandé ..

Mme DE LINIÈRES. Et c'est après cette conversation qu'il est sorti ?

DOMINIQUE. Oui, madame.

Mme DE LINIÈRES. Sans dire où il allait ?..

DOMINIQUE. Ce n'est pas dans ses habitudes.

Mme DE LINIÈRES. Plus de doute... Léon a trop de fierté pour avoir supporté un pareil outrage ; il sera allé lui-même trouver ce misérable.

DOMINIQUE. Il ne rencontrera pas ce monsieur.

Mme DE LINIÈRES. Dieu le veuille !..

DOMINIQUE. Au moment où je l'ai quitté, M. le marquis partait pour Marly.

EUPHRASIE. Vous le voyez !.. quand même Léon se serait dirigé vers l'hôtel d'Armaillé, il n'y aurait pas trouvé M. de Sannois... Soyez donc sans inquiétude... dès qu'il sera rentré... je vous l'enverrai, et nous nous entendrons ensemble pour l'empêcher de nous échapper à l'avenir.

Mme DE LINIÈRES. Chère enfant ! tu fais tout ce que tu peux pour me calmer... pour me consoler... (*Se disposant à sortir.*) Je vais écrire un mot à Patru, réclamer son assistance... (*Elle fait un pas et revient.*) Ah !.. sitôt que Léon paraîtra...

EUPHRASIE. Je vous l'amènerai moi-même !..

(Elle se jette dans ses bras ; Mme de Linières rentre chez elle.)

SCÈNE V.
EUPHRASIE, DOMINIQUE.

EUPHRASIE. Maladroit !.. Pourquoi dire toutes ces choses-là à Mme de Linières ?

DOMINIQUE. C'est la vérité.

EUPHRASIE. Mais à votre âge, vous devez savoir que la vérité n'est pas toujours bonne à dire.

DOMINIQUE. Un mensonge et moi nous n'avons jamais passé par la même porte.

EUPHRASIE. Sans doute, c'est très-mal de mentir... mais c'est une action permise quand il s'agit d'épargner à quelqu'un un chagrin.... ou de lui cacher un malheur !.. cette bonne Mme de Linières ! vous n'avez pas vu toute la peine que vous lui avez faite.

DOMINIQUE. J'en suis certainement bien fâché ; mais quand il s'agirait de mon salut, d'une fortune, je ne pourrais pas mentir... c'est plus fort que moi.

EUPHRASIE. Ne perdez pas un instant... courez à l'hôtel d'Armaillé... Informez-vous du chemin qu'a pris M. de Sannois... sachez où est Léon... tâchez de le découvrir... employez tous les moyens pour parvenir jusqu'à lui... rapportez-en des nouvelles, n'importe à quel prix... Et puisque vous ne pouvez pas vous empêcher de dire la vérité... ne parlez qu'à moi seule, ne la dites qu'à moi.

DOMINIQUE. Oui, mademoiselle, j'y vais, et à mon retour je ne parlerai qu'à vous.

(Il sort.)

SCÈNE VI.
EUPHRASIE, *seule*.

Enfin, je suis seule !.. je puis pleurer... j'étouffe... devant Mme de Linières il m'a fallu affecter de la tranquillité... retenir... dévorer mes larmes !.. ah ! oui, je suis mille fois plus inquiète qu'elle-même... je frémis !.. quand je songe au caractère emporté de Léon... S'ils ont eu le malheur de se rencontrer !.. il ne voudra rien entendre... et les lois sur le duel sont si terribles !.. au moins, si Dominique était assez adroit pour découvrir ses traces !.. Ah ! si j'avais pu soupçonner les conséquences funestes de cette entrevue d'hier... jamais, non jamais je n'y aurais consenti !.. mais, en nous quittant, M. le comte a positivement annoncé qu'il allait veiller sur son neveu ; il attache une importance si grande à la perpétuité de son nom qu'on peut s'en rapporter à sa parole... Ah ! oui, oui, sa vanité conjurera l'orage qui nous menace.

SCENE VII.
MORIN, EUPHRASIE.

UN DOMESTIQUE, *annonçant.* Monsieur Morin.

EUPHRASIE. Monsieur Morin !..

MORIN, *entrant et saluant.* Mademoiselle..

EUPHRASIE. Monsieur, je vais faire prévenir Mme de Linières.

MORIN. C'est parfaitement inutile... Il n'est pas besoin de la déranger; je viens de lui dénoncer le premier acte de la procédure ; car M. le comte est bien décidé à plaider... dût-il manger en frais la moitié de sa fortune.

EUPHRASIE. M. le comte est le maître d'employer sa fortune comme il l'entend.

MORIN. Hier, il hésitait encore ; mais, aujourd'hui, sa résolution est irrévocablement prise... J'ignore ce qui s'est passé ce matin entre Mme de Linières et lui, mais M. le comte est furieux ; c'est un homme dont la colère est à redouter.

EUPHRASIE. Je ne le crains pas.

MORIN. Vous !.. non !.. mais vous avez ici un M. Léon...

EUPHRASIE. Eh bien ?..

MORIN. Auquel il a juré une haine implacable... et qu'il se propose de faire disparaître un de ces jours.

EUPHRASIE. Et de quel droit?

MORIN. De son droit de grand seigneur.

EUPHRASIE. Un acte aussi arbitraire ne s'exécute pas facilement.

MORIN. Très-facilement, au contraire ; il suffit pour cela d'une lettre de cachet, et ce sont de ces misères qu'on ne refuse pas à un gentilhomme.

EUPHRASIE. Mais il me semble qu'il y a des parlemens en France.

MORIN. Oui, mais c'est comme s'il n'y en avait pas !.. Dès qu'ils veulent parler, on leur ferme la bouche , on les envoie à cinquante lieues réfléchir sur les avantages du silence... Quand un grand seigneur veut faire ouvrir la Bastille pour quelqu'un qui le gêne , il trouve toujours un ministre disposé à consommer... ce que le prisonnier appelle une injustice.

EUPHRASIE. Je conçois parfaitement... en votre qualité d'avocat de M. le comte, vous cherchez à m'effrayer... vous voudriez que nous nous privassions nous-mêmes de l'appui d'une personne qui nous est dévouée.

MORIN. Du tout... je n'épouse ni les haines, ni les amitiés de mes cliens... un avocat prudent doit penser à l'avenir !.. nos adversaires de cette année peuvent devenir nos cliens de l'année prochaine... et l'on doit se tenir dans une liberté d'esprit que permette de plaider pour tout le monde... (*Dominique paraît.*) Tout ce que je puis vous dire, c'est qu'à la place de M. Léon je ne resterais pas vingt-quatre heures à Paris.

EUPHRASIE, *qni a aperçu Dominique.* Pardon, monsieur... je ferai part à Mme de Linières, de vos craintes... elle sera, comme moi , fort sensible à cette prévenance de votre part.

(*Morin sort.*)

SCENE VIII.
EUPHRASIE, DOMINIQUE.

(A peine Morin est parti que Dominique reparaît et s'avance.)

EUPHRASIE. Eh bien?

DOMINIQUE. Je ne l'ai pas vu.

EUPHRASIE. Nulle part?

DOMINIQUE. Je suis allé à l'hôtel.... M. le marquis n'était pas rentré... de même qu'ici on y est dans une grande inquiétude... on parle d'un duel.

EUPHRASIE, *craignant qu'on entende.* Plus bas !

DOMINIQUE. Je n'ai pu saisir que quelques paroles échappées par-ci, par-là, aux gens de la livrée de M. le comte... j'ai entendu confusément et sans suite, les mots : *Porte-Maillot... Bastille... lettre de cachet...* j'ai dirigé ma course vers le premier endroit...

EUPHRASIE. Eh bien?

DOMINIQUE. A peine y étais-je arrivé, que j'ai aperçu dans le lointain une quantité de gens rassemblés... j'ai couru... impossible de percer la foule... seulement, j'ai appris qu'il s'agissait d'un jeune homme que l'on venait de trouver blessé... à quelques pas de là

EUPHRASIE. Blessé !.. un jeune homme?.. et vous n'avez pas cherché à le voir?

DOMINIQUE. Je vous le répète, mademoiselle, impossible... on m'a montré du doigt l'endroit où ce malheur était arrivé... et voilà qu'en y allant, j'ai ramassé tout, près du lieu où ce pauvre jeune homme a été frappé, ce mouchoir qui est peut-être celui du malheureux.

EUPHRASIE. Un mouchoir !.. donnez... donnez... donnez donc...

DOMINIQUE. Le voilà.

EUPHRASIE, *le déployant.* Point de marque.

DOMINIQUE. Il paraît que c'est un jeune homme comme il faut.

EUPHRASIE. Rien qui puisse indiquer à qui ce mouchoir appartient.

DOMINIQUE. C'est peut-être à l'autre,

EUPHRASIE. A l'autre?..

DOMINIQUE. Oui, mademoiselle... il y en a qui disent avoir vu s'enfuir celui qui a fait le coup... et que si on venait à l'arrêter, ils le reconnaîtraient parfaitement, parce qu'en courant il a passé tout près d'eux, et cela, peu de temps avant qu'on ne découvrît ce qui venait d'arriver.

EUPHRASIE. Dominique, que pas un mot de tout cela ne vienne à la connaissance de Mme de Linières; cet événement malheureux nous est tout-à-fait étranger... mais il suffit que M. Léon ne soit pas de retour, pour que Mme de Linières se crée des chagrins... des tourmens... qu'elle s'imagine!.. n'est-ce pas, vous me promettez bien de n'en point parler!

(En parlant, Euphrasie, qui est près de la table, à la gauche du spectateur, pose le mouchoir sur la table.)

DOMINIQUE. Oui, mademoiselle, je vous le promets.

(Il sort.)

SCENE IX.
EUPHRASIE, *seule.*

Un jeune homme!.. si c'était lui!.. oh! cette pensée est affreuse!.. et cependant, à l'hôtel du comte, il était aussi question d'un duel !.... ils se seraient donc vus!.. il se pourrait donc que Léon eût succombé... (*Elle tombe dans un fauteuil; Léon paraît, elle jette un cri.*) Ah!
(La joie la fait presque trouver mal.)

SCENE X.
EUPHRASIE, LÉON.

LÉON. Euphrasie!..
(Il est en nage, les habits en désordre; il s'essuie le visage avec les mains.

EUPHRASIE. Ah! si vous saviez quel chagrin vous nous avez causé..... l'inquiétude dans laquelle nous étions...

LÉON. De l'inquiétude! et pourquoi?..

EUPHRASIE, *l'examinant.* Oh! comme vous êtes pâle... inquiet... agité... couvert de sueur...

LÉON, *apercevant le mouchoir et s'en emparant.* Ah!
(Il s'essuie.)

EUPHRASIE, *effrayée.* Ce mouchoir !...

LÉON, *à part.* Je croyais l'avoir perdu.

EUPHRASIE. Malheureux! qu'avez-vous fait?

LÉON. Que dites-vous?

EUPHRASIE. Par pitié!.. par grâce.... fuyez!.. fuyez... personne encore ne sait... oh! partez... partez, avant que Mme de Linières vous voie... Léon... Léon... si vous m'aimez...

LÉON. Si je vous aime !..

EUPHRASIE. N'attendez pas que ce malheur soit connu.

LÉON. Grand Dieu !.. qui vous a dit?.. comment savez-vous?

EUPHRASIE. Fuyez la vengeance du comte... sa puissance m'épouvante.

Mme DE LINIÈRES, *dans la coulisse.* Il est ici !.. vous l'avez vu ?..

EUPHRASIE. Il n'est plus temps... silence !

SCENE XI.
LES MÊMES, Mme DE LINIÈRES.

Mme DE LINIÈRES. Ah!.... Léon, que votre absence a été longue... qu'elle a été pénible pour moi!.. mon Dieu !.. comment peut-on aimer à faire de la peine à ceux qui nous aiment tant?.. Depuis ce matin, où avez-vous été?.. qu'avez-vous fait?... *(Avec force.)* Je veux le savoir... *(se reprenant avec douceur)* je vous en prie..... voyez donc comme il est défait..... sa figure est toute bouleversée... il souffre! vous n'êtes pas blessé?

EUPHRASIE, *vivement.* Ah! oui, Léon, vous n'êtes pas?..
(Elle s'arrête.)

LÉON. Non...

EUPHRASIE. Ce qui le rend triste, c'est qu'il faut absolument qu'il parte, qu'il nous quitte...

Mme DE LINIÈRES. Partir... nous quitter...

EUPHRASIE. Depuis tantôt, il s'est passé bien des choses... M. le comte s'est déclaré son ennemi, son persécuteur... il veut le faire arrêter.

Mme DE LINIÈRES. Lui!.. je l'en défie !..

SCÈNE XII.
LES MÊMES, LE COMTE, UN EXEMPT.

LE COMTE. Exempt, faites votre devoir.

Mme DE LINIÈRES. Qu'est-ce à dire?

EUPHRASIE. Il est perdu !..

Mme DE LINIÈRES. Vous osez!.. chez moi !..

LE COMTE. Obéissez !..

L'EXEMPT. Au nom du roi, je vous arrête!..

Mme DE LINIÈRES, *dans le plus grand désordre.* Monsieur le comte.... ce jeune homme appartient... c'est... c'est le...

LE COMTE. C'est l'assassin de mon neveu.

Mme DE LINIÈRES. Ah! c'est impossible!..

ACTE IV.

Le théâtre représente une chambre bien modeste.

SCENE PREMIÈRE.
EUPHRASIE, DOMINIQUE.

EUPHRASIE. Comment, Dominique, vous revenez sans avoir pu le voir?

DOMINIQUE. Oui, mademoiselle, M. l'exempt est absent, et la sentinelle qu'on a mise à la porte de la chambre où l'on a renfermé M. Léon, a refusé de me laisser pénétrer jusqu'à lui ; c'est sa consigne.

EUPHRASIE. Alors, à quoi sert que Mme de Linières ait obtenu de M. le chancelier que Léon resterait prisonnier dans l'hôtel, s'il n'est pas même permis de le voir, et de lui faire passer ce dont il a besoin?

DOMINIQUE. Et, comme j'insistais auprès de ce soldat.. il s'est fâché.. il m'a menacé de me faire un mauvais parti, si je ne me retirais à l'instant... il paraît que les ordres les plus sévères ont été donnés pour empêcher toute communication.

EUPHRASIE. Si près de lui... et ne pouvoir ni le voir ni lui parler !

DOMINIQUE. Et il n'y a pas à le tenter ! il est trop bien gardé pour cela... on dirait un criminel d'État.

EUPHRASIE. Pauvre Léon !..

DOMINIQUE. Un jeune homme si bon !.. si honnête pour nous tous... jamais un mot désobligeant... jamais une parole méprisante... au contraire, d'une politesse avec les domestiques...

EUPHRASIE. Vous n'avez rien dit à personne?

DOMINIQUE. Non, mademoiselle... j'ai agi comme vous me l'aviez recommandé, Pierre et Laurent me demandaient tout-à-l'heure si je savais avec qui M. Léon s'était battu? j'ai répondu que je ne savais pas même si on lui avait cherché querelle, et comme de fait, je l'ignore entièrement.

EUPHRASIE. Continuez d'être discret, mon bon Dominique ; quelquefois un mot dit sans y penser, peut aller bien loin, et avoir les conséquences les plus funestes! Eh! mon Dieu! n'entends-je pas un carrosse?..

DOMINIQUE. C'est madame qui rentre.

EUPHRASIE. Puissent ses démarches avoir été couronnées de succès pour notre pauvre prisonnier !

DOMINIQUE. Je vais encore rôder aux alentours de sa prison, et si je pouvais trouver une occasion... soyez bien sûre que je ne la laisserais pas échapper... qui sait? si M. l'exempt était revenu, peut-être serait-il plus favorable?.. ordinairement les petits ont plus de méchanceté que les grands.

(Il sort et la comtesse entre.)

SCENE II.
Mme DE LINIÈRES, EUPHRASIE.

EUPHRASIE. Eh bien ! madame, qu'avez-vous obtenu ?

Mme DE LINIÈRES. Rien.

EUPHRASIE. Rien?

Mme DE LINIÈRES. Demain, ce soir, dans une heure peut-être, ils nous l'enlèveront pour le conduire dans les prisons du Châtelet.

EUPHRASIE. Ah! mon Dieu!..

Mme DE LINIÈRES. Je n'en peux plus... de courses... d'émotions... de fatigues!.. je suis anéantie.

(Elle s'assied.)

EUPHRASIE. Nous l'enlever!..

Mme DE LINIÈRES. Oui... pour le juger...

EUPHRASIE. Et un avocat?..

Mme DE LINIÈRES. J'en ai vu dix... aucun n'ose se charger de le défendre.

EUPHRASIE. Aucun?..

Mme DE LINIÈRES. En l'absence de Patru je me suis adressée à Antoine Lemaistre, dont la probité égale le talent.

EUPHRASIE. Il vous a refusé.

Mme DE LINIÈRES. Le roi vient de le nommer avocat-général au parlement de Metz. Cordier est dangereusement malade, Habert, Simon, Charpentier, sont exilés à Beaune ; Défita craint de se commettre avec l'autorité royale, et Auzannet m'a positivement refusé, en me faisant entendre que toutes mes démarches échoueraient devant le crédit et la puissance de notre adversaire.

EUPHRASIE. Mais il me semble que ces messieurs ne sont pas les seuls... et sans avoir autant de talens et de réputation qu'eux... il y en a d'autres...

Mme DE LINIÈRES. Eh sans doute... il m'en restait encore quelques-uns à voir, parmi lesquels j'étais presque assurée de trouver un avocat pour Léon... mais ceux-là sont connus pour trafiquer de leurs talens et faire des innocens au poids de l'or; comme on sait qu'ils plaident sans conviction, ils déconsidèrent à l'avance la cause dont ils se sont chargés ; l'oreille des juges leur est fermée... et leur appui est fatal aux cliens qu'ils défendent... Et dire que demain peut-être !.. à tout hasard je viens d'envoyer encore chez Patru... afin de savoir le lieu où il s'est retiré... je n'ai d'espoir qu'en lui... et dussé-je aller moi-même le trouver... j'irai... oh ! j'irai !.. son éloquence a tant d'empire sur nos magistrats... leur confiance en lui est si grande !

EUPHRASIE. Mais c'est le temps qui va manquer... cette justice du Châtelet est si prompte...

Mme DE LINIÈRES. J'ai donné l'ordre de ne pas dételer afin de pouvoir partir sur-le-champ.

EUPHRASIE, *écoutant.* Ah!...

Mme DE LINIÈRES. Eh bien!

EUPHRASIE, *réjouie.* Vous n'entendez pas?

Mme DE LINIÈRES. Quoi?

EUPHRASIE. Mais c'est la voix de M. Patru.

Mme DE LINIÈRES. De Patru... (*Il paraît.*) ah! nous sommes sauvés.

(Patru entre ; Mme de Linières fait un signe à Euphrasie qui sort.)

SCENE III.
PATRU, Mme DE LINIÈRES.

PATRU. J'arrive à l'instant.. et j'apprends que vous me demandez...

Mme DE LINIÈRES. J'ai besoin de vos conseils, de votre appui, de votre talent.

PATRU. Parlez...

Mme DE LINIÈRES. Ah! mon cher Patru, depuis hier il s'est passé de bien cruelles choses ! Léon ! vous savez bien ? Léon !..

PATRU. Ce jeune homme dont vous avez pris soin ?

Mme DE LINIÈRES. Il a été insulté.... provoqué, outragé...

PATRU. Par qui?

Mme DE LINIÈRES. Par le marquis de Sannois.

PATRU. Un mauvais sujet... contre lequel vous voulez dresser une plainte...

Mme DE LINIÈRES. La plainte serait inutile... ils se sont rencontrés...

PATRU, *affligé.* Un duel !.

Mme DE LINIÈRES. Personne ne les a vus ; on n'a que des soupçons... bien vagues... Léon insulté... demandait une réparation éclatante...

PATRU. Et les tribunaux ?..

Mme DE LINIÈRES, *se méprenant sur le sens de l'exclamation.* Oui, les tribunaux apprécieront la gravité de l'offense, la conduite insultante et basse de l'agresseur... et lorsqu'élevant la voix en faveur de Léon, les magistrats entendront de votre bouche la justification de l'accusé...

PATRU, *avec douleur.* Justifier un duelliste !.. moi !.. jamais.

Mme DE LINIÈRES. Que 'dites-vous ?

PATRU. Le duel est un sacrilége, un attentat, un crime ; c'est la violation de toutes les lois divines et humaines.

Mme DE LINIÈRES. Quel langage!

PATRU. Savez-vous à qui vous demandez de plaider en faveur d'un duelliste? à un père dont on a assassiné le fils en duel ! à un père qui, depuis six mois, pleure la mort de ce fils qui devait être un jour l'orgueil de sa famille et la gloire de son pays... A vingt ans, son nom avait déjà mérité l'estime publique... la noblesse de ses sentimens, la loyauté de son caractère, lui avaient fait des admirateurs de ceux même qui n'osaient prétendre à son amitié ! Mon fils... mon Charles... tout le monde l'aimait ; on n'en parlait qu'avec une sorte de respect... Jeune, ses paroles avaient l'autorité de la vieillesse... l'avenir se montrait à ses regards vaste et puissant... l'avenir, ils l'ont fermé sur lui... A vingt-cinq ans, ils l'ont tué... tué pour un mot... ils me l'ont rapporté percé de deux coups d'épée.. ils l'ont jeté mourant .. mort dans les bras de son père... et je défendrais un duelliste !..

Mme DE LINIÈRES. Ah! pardon d'avoir rouvert une blessure...

PATRU. Elle saignera toujours.

Mme DE LINIÈRES. Mais quand l'honneur parle, la raison impuissante...

PATRU. L'honneur! dites un préjugé barbare... qui jette la vie d'un homme aux mains du plus fort, du plus adroit... et quelquefois du plus insolent! la loi n'atteint que le coupable... en est-il de même dans vos combats singuliers ?.. Non ; le mari outragé tombe sous les coups du séducteur de sa femme... le père qui venge l'honneur de sa fille est immolé par l'infâme qui la lui a ravie ! la balle du premier misérable vient frapper le cœur le plus noble, l'esprit le plus élevé, le caractère le plus loyal : un honnête homme meurt de la main d'un fripon: le génie est tué par la sottise ! voilà la justice du duel.

Mme DE LINIÈRES. Ainsi, tout espoir m'échappe... le seul homme sur lequel j'avais compté me refuse son appui... la haine qu'il porte à un préjugé l'aveugle... va jusqu'à le rendre injuste... oui, injuste. fallait-il donc qu'il se laissât égorger ? Vous exécrez le duel... moi aussi, je l'ai en horreur... mais ce n'est pas un duel!.. aucun rendez-vous n'a été donné, convenu... aucun témoin n'était présent... personne ne peut dire : Je l'ai vu... un duel... c'est un guet-à-pens, qu'il faut dire.

PATRU. Un guet-à-pens?

Mme DE LINIÈRES. Léon... un enfant, qui n'a jamais su tenir une épée... Aussi, pour flétrir et perdre ce malheureux jeune homme, ils ont trouvé plus commode de l'accuser d'un assassinat.

PATRU. Ils l'accusent d'un assassinat?

Mme DE LINIÈRES. Lui?.. une noble créature dans l'ame de laquelle il n'est jamais entré aucune mauvaise pensée... lui.. grand et généreux qui, vingt fois, au risque de sa vie, a sauvé d'une mort certaine des vieillards, des enfans qui lui étaient inconnus !.. lui! qui ne peut voir une injustice sans en gémir d'indignation... lui !.. un assassin!.. ah! non, vous ne le croyez pas!.. vous ne l'avez pas cru, n'est-ce pas?.. mais moi, je l'aurais vu... vu de mes propres yeux, que j'en douterais encore... il l'avouerait lui-même, que je lui dirais : Tais-toi... tais-toi... non... non, c'est impossible.

PATRU. Et dans quelle prison est-il renfermé?

Mme DE LINIÈRES. Il est encore ici.

PATRU. Ici!

Mme DE LINIÈRES. Pour quelques instans peut-être... car on m'a dit à la Chancellerie, que d'un moment à l'autre on attendait l'ordre de le transférer au Châtelet.

PATRU. Faites en sorte... que je puisse le voir... causer avec lui quelques minutes.

Mme DE LINIÈRES. Ah! vous consentez donc!..

PATRU. Avant de consentir à me charger de sa défense, j'ai besoin d'apprendre de lui-même comment les choses se sont passées...

Mme DE LINIÈRES. Je pense bien qu'ils ne vous refuseront pas l'entrée de la prison, à vous !.. je vais moi-même m'en assurer... (*Revenant sur ses pas.*) Parlez-lui avec douceur.. ne l'effrayez pas trop sur sa position.. ah! si vous pouviez lire dans mon cœur... si vous saviez tout ce que je souffre...

PATRU. Les avocats ont l'habitude de tout deviner.

Mme DE LINIÈRES. Ah! s'il était vrai !.. je serais plus tranquille.

(Elle sort.)

SCENE IV.
PATRU, *seul.*

Pauvre femme, si digne d'estime et de respect... sa douleur a réveillé la mienne... (*A lui-même.*) Oui, ce jeune homme n'aura cédé qu'à un mouvement de défense légitime... ce n'est pas la première affaire dans laquelle le marquis de Sannois tient une conduite peu honorable... et plus d'une fois le crédit de ses proches l'a sauvé d'une condamnation justement méritée.. Ah! si j'étais roi de France!.. si j'étais roi! je serais plus sévère pour ma noblesse que pour la roture. Les bons et les mauvais exemples viennent d'en haut... et il importe au bonheur du peuple qu'il n'en reçoive que de bons !.. J'entends parler... c'est sans doute le jeune homme... oublions que je fus père... et ne soyons plus qu'avocat.

SCENE V.
PATRU, UN EXEMPT, LÉON.

L'EXEMPT. Maître Patru, d'après l'ordre qui m'a été donné, je vous confie ce jeune homme, vous en répondez sur votre tête.

PATRU. J'en réponds.

(L'exempt sort.)

SCENE VI.
PATRU, LÉON.

PATRU. Monsieur Léon, Mme de Linières a désiré que j'acceptasse la mission de vous défendre ; parlez-moi donc avec confiance : nous autres gens du barreau nous avons besoin de tout savoir, car d'ordinaire, nous ne faisons qu'un avec nos cliens.

LÉON. Monsieur, je vous dois la vérité, et je suis prêt à vous la dire ; mais quelle que soit votre détermination, après m'avoir entendu, promettez-moi de ne rien révéler à Mme de Linières, de ce que je vous aurai confié.

PATRU. Je vous le promets.

LÉON. Je lui dois tant, et j'ai si mal reconnu les bienfaits dont elle m'a comblé!

PATRU. Mme de Linières m'a toujours parlé de vous dans les meilleurs termes.

LÉON. Aussi, je l'honore, je la respecte, j'aurais donné mon sang pour elle; mais, monsieur, pauvre, sans famille, je ne devais pas aimer Mlle de Courbon ; c'est cet amour qui m'a perdu... que dis-je ?.. ah! quand Euphrasie n'eût été pour moi qu'une étrangère... j'aurais agi de même, je me serais placé entre elle et le misérable dont elle supportait avec horreur la présence, j'aurais imposé silence à son insolent questionneur.

PATRU. Remettez-vous.

LÉON. L'impudent!.. mais s'il était là, je crois que je m'oublierais encore.

PATRU. C'est vous qui l'avez frappé?

LÉON. Ah! vous aussi vous l'eussiez fait comme moi, et peut-être, malgré votre âge et vos cheveux blancs, n'auriez-vous pas eu ma patience, mon courage... le lâche! il m'insulte.. et quand je lui en demande raison... il me répond par une insulte nouvelle.

PATRU. Et vous avez eu le malheur de vous faire justice à vous-même.

LÉON. On m'apprend qu'il revient de Marly... je me place à l'entrée du bois... je l'aperçois de loin... je vole à sa rencontre... je me jette à la tête de son cheval... je l'arrête... oh! je ne rougis pas de l'avouer... le misérable cherchait à me faire lâcher prise, à l'aide des éperons dont il était armé. Insensible à la douleur, je le saisis à bras le corps, je l'arrache de dessus son cheval, et une fois à terre, je le force à me suivre... oh! nulle puissance au monde ne l'aurait arraché de mes mains. Et quand nous nous sommes trouvés face à face, qu'en tirant mon épée hors du fourreau, je lui ai crié de se défendre... que je l'ai prié, supplié de se mettre en garde, c'est par le refus le plus humiliant qu'il a répondu à ma prière... me battre contre un bâtard !..

(Un cri étouffé se fait entendre dans un cabinet du côté de Patru.)

PATRU, *à part.* Ah! elle nous écoute.

LÉON, *qui n'a rien entendu.* Le sang m'étouffait... il me sortait par les yeux, par les oreilles... et plus je m'efforçais de paraître calme, plus l'insolent prenait à tâche de me prodiguer les épithètes les plus viles, les injures les plus outrageantes... et comme je restais muet, immobile devant lui, stupéfait de tant d'audace et de lâcheté... l'infâme... il a profité du moment où je détournais mes regards de lui pour me frapper du pommeau de son épée..... ah! Dieu m'en est témoin! je n'ai pas été maître de moi...

PATRU, *avec anxiété.* Eh bien!

LÉON. Je l'ai tué.

PATRU, *atterré.* Tué!

LÉON, *très-froidement.* Oui, je l'ai tué.

ᴏᴏᴏᴏᴏᴏᴏᴏᴏᴏᴏᴏᴏᴏᴏᴏᴏᴏᴏᴏᴏ ᴏᴏᴏ ᴏᴏᴏᴏᴏᴏ ᴏᴏᴏᴏᴏᴏ ᴏᴏᴏ ᴏᴏᴏ

SCENE VII.

Mᵐᵉ DE LINIEERS, PATRU, LÉON.

Mᵐᵉ DE LINIÈRES, *s'élançant du cabinet, à Patru.* Ah! ne le croyez pas.

LÉON, *à part.* Ciel!

PATRU, *avec chagrin.* Je vous demandais la vérité... pourquoi me l'avoir dite?

Mᵐᵉ DE LINIÈRES. La vérité!... non, il vous trompe. Il se croit malheureux... il a pris la vie en dégoût... il veut mourir... c'est pour mourir qu'il s'accuse... on l'a attaqué... il s'est défendu... *(Elle passe)* *. N'est-ce pas que tu t'es défendu?

LÉON. Ah! j'aurais voulu, au prix de ma vie, vous dérober la connaissance de mon crime!... mais il n'est plus temps de rien cacher... oui, je suis un meurtrier.

Mᵐᵉ DE LINIÈRES. Toi!

LÉON. Un assassin!

Mᵐᵉ DE LINIÈRES. Ah! que ce funeste secret meure entre nous!... Léon, pas un seul mot qui puisse faire soupçonner ton malheur... Écoute monsieur Patru... suis ses conseils.

PATRU. Hélas! madame, je n'en ai plus à lui donner.

Mᵐᵉ DE LINIÈRES. Ne m'avez-vous pas promis?.

PATRU. De défendre un homme injustement accusé.

Mᵐᵉ DE LINIÈRES. Eh bien?..

PATRU. Eh bien! madame... moi, à qui il vient de confesser son crime, puis-je le déclarer innocent devant la justice?.. comment oserais-je jeter l'épouvante dans la conscience de ses juges en leur faisant craindre de condamner un innocent... quand moi!.. moi, je sais qu'il est coupable! mais si je mentais ainsi devant Dieu... devant les magistrats... je serais plus criminel que lui!.. L'avocat doit éclairer la justice et non la tromper.

Mᵐᵉ DE LINIÈRES. Un refus!..

LÉON. Ah! ne le blâmez point. Ce qu'il dit est vrai, ce qu'il fait est juste... c'est l'action d'un honnête homme qui comprend les devoirs de sa profession...

Mᵐᵉ DE LINIÈRES. Mais il n'y a pas de criminel qui ne trouve un défenseur.

PATRU. Pour demander grâce et non pas justice...

Mᵐᵉ DE LINIÈRES. Et parce que Dieu lui a refusé la force de repousser une mauvaise pensée, parce qu'il n'a pu supporter plus long-temps l'humiliation, le mépris et l'injure... vous vous éloigneriez de lui!.. vous nommez crime l'action spontanée d'une vengeance, hélas! trop légitime... mais sont-ce là les traits d'un criminel?.. sa main seule a été coupable... le crime n'était pas dans sa pensée... oh! non... j'en répondrais, et c'est au moment où le plus grand des malheurs peut l'atteindre...

* Patru, Mᵐᵉ de Linières, Léon.

au moment où la haine d'un homme puissant menace son honneur et sa vie, que vous l'abandonneriez!.. (*A Léon.*) Ah! quand ils t'abandonneraient tous! moi... moi, je te resterai... aucune démarche ne m'arrêtera, aucun sacrifice ne me coûtera... J'irai à Marly, à Versailles, me jeter aux genoux de Mme de Montespan... me traîner aux pieds du roi.

LÉON. Eh! que me fait la vie, souillée d'un crime, empoisonnée par un remords?.. Avec la liberté me rendra-t-on la paix de l'ame?.. me délivrera-t-on de ce spectre sanglant, qui déjà me poursuit et m'obsède?.. Ah! si l'on savait ce que c'est que de tuer un homme! j'ai maintenant horreur de moi, oh! laissez... laissez... j'ai mérité mon sort... je dois le subir... mais grâce pour les peines, pour les tourmens que je vous ai causés!.. J'ai vingt-trois ans... eh bien! je mourrai... ma mort expiera les erreurs d'une vie si courte et si malheureuse! mais du moins que je vive quelque temps encore dans votre souvenir... dans celui d'Euphrasie... une larme de pitié pour le pauvre Léon... plaignez-le... ne le maudissez pas.

Mme DE LINIÈRES. Eh! malheureux... une mère a-t-elle jamais maudit son enfant?

PATRU, *lève les yeux au ciel.* Pauvre femme!

LÉON. Vous... vous, ma mère!..

Mme DE LINIÈRES. Oui.

LÉON. Ah! je suis trop heureux!..
(Il se jette dans ses bras.)

Mme DE LINIÈRES. Eh bien! Patru, vous... vous qui comprenez toute l'étendue de mon désespoir, vous le seul devant qui son malheur ait pu m'arracher mon secret, refuserez-vous à une mère de défendre son fils?

PATRU. Non... je ferai tout pour qu'un autre ne soit pas aussi malheureux que moi.

LÉON. Ma mère... ne soyez pas généreuse à moitié... mon père?

Mme DE LINIÈRES, *se réveillant comme d'un songe.* Ton père!

LÉON. Où est-il? le verrai-je?.. vous vous taisez... de grâce... parlez... parlez... vît-il? au nom du ciel, ai-je encore un père?

Mme DE LINIÈRES. Peut-être!

SCENE VIII.

Les Mêmes, EUPHRASIE, L'EXEMPT.

L'EXEMPT. Le juge criminel a ordonné que l'on conduisît l'accusé devant lui.

PATRU. Il faut obéir.

Mme DE LINIÈRES. Je le suis... je l'accompagne.

L'EXEMPT. Cela ne se peut pas, madame, il doit être seul.

Mme DE LINIÈRES. Seul!

PATRU. Assisté de son conseil...

Mme DE LINIÈRES. Ah! Patru!..

PATRU. Les infortunés se doivent secours et protection.
(Sortie. Musique.)

SCENE IX.

EUPHRASIE, Mme DE LINIÈRES.

EUPHRASIE. Ah! ma bonne amie, il ne vous a pas tout dit... personne ne peut plus sortir de l'hôtel... le greffier a pris le nom de tout le monde; on va questionner vos gens, vos domestiques, les intimider... les effrayer... on les cherche, on les appelle.

Mme DE LINIÈRES. Quelle crainte puis-je avoir? ils n'ont aucune connaissance de tout ce qui s'est passé dehors.

EUPHRASIE. Et Dominique?

Mme DE LINIÈRES. Dominique!

EUPHRASIE. Qui a porté le billet de Léon, à l'hôtel d'Armaillé... qui y est retourné deux fois... qui a ramassé le mouchoir... ce témoignage seul...

Mme DE LINIÈRES. Ce témoignage serait accablant.

EUPHRASIE. Et vous savez que son esprit a une horreur du mensonge!...

Mme DE LINIÈRES. Oui, oui... cours le trouver... qu'il vienne avant que personne ait pu lui parler encore... promets-lui.... non, ne lui promets rien... sa probité s'épouvanterait d'une offre... dis-lui que je le demande...conduis-le toi-même ici pour être bien sûre... (*Euphrasie sort.*) Oh! je frémis en pensant à tous les malheurs dont une seule indiscrétion pourrait être la cause.

SCENE X.

Mme DE LINIÈRES, *seule.*

Oh! mon Dieu, donne à mon langage... à mes accens... une force... une persuasion capable de vaincre la résistance de cet homme... de triompher d'un sentiment d'honneur dont l'exaltation causerait la perte de l'enfant à qui j'ai consacré ma vie... fais que je puisse l'émouvoir, le toucher... ah! jamais, jamais je n'éprouvai une timidité plus grande... une aussi profonde défiance de moi-même!

SCÈNE XI.

DOMINIQUE, Mme DE LINIÈRES.

DOMINIQUE. Mlle Euphrasie m'a dit que madame désirait me parler.

Mme DE LINIÈRES. Oui... oui... asseyez-vous, Dominique.

DOMINIQUE. Moi !.. m'asseoir devant vous... Ah ! madame !..

Mme DE LINIÈRES. Asseyez-vous, je vous en prie.

DOMINIQUE, *s'asseyant sur le bord du fauteuil.* Ce que j'en fais, c'est pour vous obéir.

Mme DE LINIÈRES. Ah ! mon pauvre Dominique, je suis bien malheureuse !..

DOMINIQUE. Ah ! oui, madame !.. je comprends bien...

Mme DE LINIÈRES. Et cependant on dit que tu veux me rendre plus malheureuse encore.

DOMINIQUE. Vous faire de la peine ?.. Dieu me garde d'une aussi mauvaise pensée !

Mme DE LINIÈRES. Tu ne le voudrais psint, n'est-ce pas ?

DOMINIQUE. Non, certainement que je ne le voudrais pas, et bien du contraire.. si je pouvais vous être utile en quelque chose... après tout ce que vous avez fait pour moi, pour mes enfans.

Mme DE LINIÈRES J'étais bien sûre que l'on m'avait trompée.

DOMINIQUE. Mais il faudrait donc que je n'eusse pas d'entrailles... que je fusse le plus ingrat des hommes... moi ! mais s'il fallait mon sang, ma vie pour vous...

Mme DE LINIÈRES, *vivement.* Tu les donnerais !..

DOMINIQUE, *avec âme.* Ah ! de grand cœur !...

Mme DE LINIÈRES, *doucement.* Alors tu ne me refuseras pas le service que je viens te demander... Écoute, Dominique : le commissaire au Châtelet qui vient d'arriver dans l'hôtel, a mission d'interroger tous les gens de ma maison ; il est maintenant avec une partie de tes camarades... ton tour viendra bientôt.

DOMINIQUE. Eh ! mon Dieu ! oui.... comme les autres.

Mme DE LINIÈRES, *avec embarras.* Que lui diras-tu ?

DOMINIQUE, *simplement.* Moi !... la vérité !

Mme DE LINIÈRES, *effrayée.* La vérité... malheureux !... ah ! si tu avais l'impru-

dence de répéter devant le juge les paroles que tu as confiées à Euphrasie, nous serions perdus.

DOMINIQUE. Pourtant, madame.... s'il me demande ce que je sais... ce que j'ai vu ?...

Mme DE LINIÈRES. Tu ne sais rien, tu n'as rien vu, rien entendu, tu n'as pas bougé d'ici.

DOMINIQUE. Le suisse, devant qui j'ai passé pour sortir.

Mme DE LINIÈRES. Il ne t'a pas vu !

DOMINIQUE. Et les gens de ma connaissance, qui ont pu me voir dehors.

Mme DE LINIÈRES. Personne n'a fait attention à toi.

DOMINIQUE. Et ceux qui m'ont parlé... là-bas..... qui m'ont dit qu'ils reconnaîtraient...

Mme DE LINIÈRES. Ceux-là se sont trompés... tu ressembles à l'homme auquel ils ont parlé, comme l'homme qu'ils ont vu fuir ressemblait à Léon... Mais ce n'est ni toi, ni lui... ils se trompent en croyant vous reconnaître tous les deux... Eh ! mon Dieu ! il y a dans Paris tant de gens qui se ressemblent... moi-même, je me suis méprise cent fois... j'ai cru reconnaître, de loin, des personnes avec lesquelles j'étais intimement liée, et de près l'illusion cessait... je me trompais.

DOMINIQUE. Après tout, que feraient mes paroles, si M. Léon n'est pas coupable ?

Mme DE LINIÈRES. Eh ! non, sans doute.. il ne l'est pas, il a été provoqué.. insulté.. il s'est battu... il a fait ce qu'à sa place tout homme d'honneur aurait fait... mais les lois sur le duel sont si atroces... Le roi est, comme feu son père, sans pitié... sans miséricorde... les gentilshommes des meilleures maisons ont payé de leur vie le malheur d'avoir triomphé dans ces sortes de combats.

DOMINIQUE. Témoin ce pauvre M. de Montmorency et le comte des Chapelles.

Mme DE LINIÈRES. Tu peux sauver ou perdre Léon.

DOMINIQUE. Moi ?

Mme DE LINIÈRES. Une parole de toi le perd... ton silence le sauve.

DOMINIQUE, *il se lève.* Oh ! je me tairai !... tant que je pourrai, car enfin, s'il me pressait de questions.

Mme DE LINIÈRES. Eh bien ?

DOMINIQUE. Ah ! je voudrais vous servir et ne pas trahir mes devoirs d'honnête homme, de chrétien.

Mme DE LINIÈRES. Tes devoirs de chrétien ! mais ne sont-ils pas d'aimer et de secourir ton semblable, même au péril de ta vie.. Dominique, toutes les preuves sont anéanties..... ton témoignage est , jusqu'à présent le seul qui puisse apporter quelque lumière dans cette malheureuse affaire... et tu sais avec quelle avidité cruelle les juges accueillent le plus léger indice qui peut conduire un homme à l'échaffaud... que par suite de tes paroles, le duel soit prouvé , Léon sera déclaré coupable..... il sera condamné.

DOMINIQUE. Condamné... lui!.. ce bon M. Léon.

Mme DE LINIÈRES. Dis-moi, sa mort rendra-t-elle à la vie le malheureux qui a succombé? changera-t-elle rien à ce qui existe? non; mais au lieu d'une famille en deuil, il y en aura deux frappées du même coup... que dis-je?.. ah ! moi, je n'y survivrais pas... non , ce n'est pas seulement lui... c'est moi, moi dont tu causerais la mort.

DOMINIQUE, *se rasseyant.* Vous! vous!.. ah ! mon Dieu! mon Dieu !

Mme DE LINIÈRES. Dominique, tu as des enfans, tu les aimes... eh bien ! moi aussi, j'aime Léon comme un fils... si Dieu voulait ma vie en échange de la sienne... je lui dirais, prenez-la... et je me croirais heureuse de conserver son existence à ce prix... tu es père , tu me comprends, n'est-ce pas, Dominique?.. eh bien! je te demande la vie de Léon, je te la demande à genoux.

DOMINIQUE. Au nom du ciel, madame, relevez-vous.

(La porte s'ouvre avec violence ; l'exempt paraît.)

L'EXEMPT, *d'une voix ferme.* Dominique! (*A ce mot,* Mme *de Linières se lève dans la plus vive agitation.*) Il ne reste plus que vous à interroger.

(Dominique se lève tout tremblant; il paraît hésiter... il lève les yeux au ciel. Les regards de Mme de Linières sont supplians : elle craint autant qu'elle espère. La toile tombe.)

ACTE V.

Un riche appartement chez le comte d'Armaillé.

SCENE PREMIERE.

Mme DE LINIÈRES, UN LAQUAIS.

Mme DE LINIÈRES, *assise dans un fauteuil.* Je l'attendrai.

LE LAQUAIS. Mais, madame, M. le comte n'a point dit l'heure à laquelle il rentrerait, et je craindrais...

Mme DE LINIÈRES. Je l'attendrai, vous dis-je.

(Le domestique salue et sort.)

SCENE II.

Mme DE LINIÈRES, *seule.*

C'est ma dernière ressource... et je ne pouvais y recourir avant d'avoir réuni toutes les preuves qui ne lui permettront pas de douter de mes paroles... vingt fois j'ai été sur le point de lui révéler ce mystère... mais son orgueil... son oubli repoussaient ma confiance... et me faisaient craindre qu'il ne m'accusât d'un mensonge pour sauver Léon!.. ah! j'ai peut-être eu tort!.. quand il aurait dû me méconnaître et me repousser de nouveau... quand il aurait dû m'accuser d'imposture.. je devais parler.. en l'absence des preuves qui me manquaient encore.. Si je n'étais pas parvenue à le persuader... à le convaincre... du moins... je l'aurais effrayé... j'aurais fait pénétrer... le doute... l'incertitude dans sa pensée... peut-être aurait-il hésité à poursuivre mon fils!. (*Soupirant.*) Ah!..

SCENE III.

MORIN, Mme DE LINIÈRES.

MORIN, *à la cantonnade.* Envoyez-moi Jasmin et Comtois.

(Il entre.)

Mme DE LINIÈRES, *se levant.* Vous quittez M. le comte?

MORIN. Non, madame.

Mme DE LINIÈRES. Vous savez où il est?

MORIN. M. le comte était ce matin occupé avec le sculpteur Girardon à discuter le dessin d'un mausolée en marbre... mais il l'a quitté il y a deux heures... et personne ne sait maintenant où il est.

Mme DE LINIÈRES. Personne !

MORIN. Ce malheur lui a porté un coup terrible et la tournure que prend le procès contribue à rendre son caractère encore plus violent, plus irascible.

Mme DE LINIÈRES. Comment?

MORIN. Absence complète de témoins... le seul sur lequel l'accusation fondait quelques espérances... n'a desserré les lèvres que pour annoncer qu'il ne pouvait rien dire.

Mme DE LINIÈRES, *à part.* Bon Dominique!

MORIN. On a eu beau le prier...le presser, on n'a rien obtenu de lui...on l'a menacé de la prison; « J'irai » a-t-il dit... de la question!.. « Je tâcherai de la supporter » a-t-il répondu... et il en est revenu tranquillement à ses premières paroles : « Je ne » puis rien vous dire. »

Mme DE LINIÈRES. Et comment avez-vous pu savoir ?..

MORIN. On a beau tenir l'instruction secrète; il a bien fallu la communiquer à M. le comte... il en est de même de l'audience... elle n'est pas publique; on jugera l'affaire à huis-clos... mais les portes s'ouvrent au nom de d'Armaillé.

Mme DE LINIÈRES, *avec embarras.* Et vous pensez qu'en l'absence de témoins... les juges n'oseront pas condamner ?

MORIN, *froidement.* Je ne pense rien... je ne dis rien... je ne voudrais point vous donner un espoir qui peut ne pas se réaliser... mais en l'absence de témoins, la condamnation devient bien plus difficile.

Mme DE LINIÈRES. Ah! s'ils avaient pitié d'une mère !..

MORIN. D'un autre côté, l'influence de M. le comte est si grande !..

Mme DE LINIÈRES. Je ne sortirai pas d'ici ans l'avoir vu.

SCÈNE IV·

Mme DE LINIÈRES, EUPHRASIE, MORIN.

EUPHRASIE, *accourant.* Ah! madame, venez, venez, accourez.

Mme DE LIGNIERES, *effrayée.* Qu'as-tu? que veux-tu? d'où vient cet effroi?

EUPHRASIE. Le tribunal est assemblé.

Mme DE LINIÈRES. Qui te l'a dit?

EUPHRASIE. M. de Faudoas, dont le beau-frère est conseiller au Châtelet... un ordre supérieur a provoqué cette réunion... le chancelier a enjoint aux magistrats de juger tout de suite, sans désemparer.... ils vont décider du sort de Léon... oh! venez, venez... M. de Faudoas nous attend; il nous fera entrer au Châtelet...

Mme DE LINIÈRES, *à elle-même.* Au Châtelet!.. et quand j'irais dire la vérité aux juges... ils ne me croiront pas... ces papiers ne sont des preuves que pour un seul homme!.. et cet homme je ne puis le voir!

EUPHRASIE, *avec empressement.* Ah ! croyez-moi, les juges ne résisteront pas à vos larmes, à vos prières.

Mme DE LINIÈRES, *à elle-même.* Non, un seul parti me reste...parti violent, désespéré...

EUPHRASIE. Madame!..

Mme DE LINIÈRES, *sans l'écouter.* Je n'hésite plus!

EUPHRASIE. Venez... oh! je vous en prie, venez...

MORIN. Si j'osais hasarder un conseil?

Mme DE LINIÈRES. Des conseils! je n'en prends plus que de mon désespoir.

SCÈNE V.

MORIN.

Pauvres femmes... leur douleur m'a ému comme si j'étais leur avocat... mais je suis celui de M. le comte... et je ne dois pas oublier ce dont il m'a chargé.

SCÈNE VI.

MORIN, DEUX DOMESTIQUES.

PREMIER DOMESTIQUE. Vous nous avez fait demander, monsieur Morin ?

MORIN. Oui, Comtois... voici un paquet qu'il faut porter sur-le-champ à M. le procureur-général au grand conseil; vous les trouverez au Châtelet. (*Comtois reçoit le paquet et sort, à l'autre.*) Vous, cette sommation chez le procureur fiscal de Mlle de Courbon. (*Jasmin sort.*) Rien n'avance une affaire comme le papier timbré... il a une éloquence à laquelle nous n'atteindrons jamais.

(On entend du bruit dans la coulisse comme gens qui se disputent, puis le comte et Patru paraissent.)

SCÈNE VII.

LE COMTE, *entre précipitamment,* PATRU *le suit.*

PATRU. Oh! vous m'écouterez, monsieur le comte... je m'attache à vos pas ..

LE COMTE. Eh bien! monsieur, on vous

écoutera. (*à Morin.*) Où en est l'affaire?..

MORIN. Vos désirs ont été exaucés, l'audience a lieu aujourd'hui.

LE COMTE. Les preuves?

MORIN. Pas d'autres que l'aveu du jeune homme.

LE COMTE. Du reste ma déclaration est positive; vous l'avez envoyée?

MORIN. Oui, monsieur le comte.

LE COMTE. J'espère qu'elle fixera l'opinion des juges... allez au Châtelet et revenez m'instruire de ce qui s'y sera passé.

SCENE VIII.

PATRU, LE COMTE.

LE COMTE. Enfin, monsieur, que me voulez-vous?

PATRU, *avec douleur et bonté.* Ce que je veux, monsieur le comte... vous épargner un remords.

LE COMTE, *avec fierté.* Un remords! à moi?

PATRU, *avec une grande douceur.* Ah! si mes paroles vous blessent, que votre colère retombe sur moi seul, car je ne suis ici l'envoyé de personne. Avocat du jeune homme que vous poursuivez... je l'ai défendu, j'ai plaidé sa cause devant ses juges; mais ce n'est point assez... ma conscience m'ordonne de tenter tous les moyens de le sauver; je viens vous dire... ce que je ne dirais pas au tribunal... (*sévèrement*) à lui, la vérité!... (*avec douceur*) mais à vous, monsieur le comte, des paroles de clémence, de pitié... c'est un vieillard qui vient vous disputer la vie d'un enfant.

LE COMTE, *sévèrement.* Monsieur... un crime a été commis.

PATRU, *avec douceur.* Vous le nommeriez malheur, si Léon avait succombé.

LE COMTE. La loi est égale pour tous... elle a frappé des gentilshommes...

PATRU. Des spadassins de cour, qui bravaient l'autorité souveraine et déchiraient, à la pointe de l'épée, les ordonnances du roi; mais l'épée du pauvre jeune homme était vierge avant ce malheur!... il a été insulté, bafoué, frappé, avant de frapper lui-même!... Ah! si vous l'aviez entendu déplorer les suites funestes de ce combat.. si vous aviez été témoin de ses regrets déchirans..

LE COMTE. J'ai été trop profondément blessé pour renoncer à une vengeance légitime.

PATRU. Et moi aussi, monsieur le comte... frappé d'un malheur égal au vôtre. (*Le comte se retourne étonné.*) C'était mon fils unique!... je voulus sacrifier à ma vengeance le malheureux qui me l'avait enlevé... les poursuites étaient commencées... je les arrêtai. (*Avec sentiment.*) Je pensai à son père... à sa mère... que j'allais plonger dans une douleur dont je connaissais toute l'étendue; je sentis leurs larmes couler et retomber sur mon cœur.. je vis que ma justice était de la cruauté.

LE COMTE. Vous voulez que j'oublie...

PATRU. On n'oublie pas, monsieur le comte, on pardonne.

LE COMTE. Pardonner!...

PATRU, *avec onction.* Dieu m'en donna la force, il ne vous la refuserait pas... Ah! c'est moins la grâce de Léon que la vie de Mme de Linières que je viens vous demander... Cette femme si respectable ne survivra point à la perte d'un enfant qu'elle a élevé... recueilli... dès l'âge le plus tendre... auquel elle a voué un amour de mère. A vingt ans, on joue avec la mort... on compte la vie pour rien!.. mais à l'âge de Mme de Linières!... vous la tuez, monsieur le comte...

LE COMTE, *avec un peu moins de froideur.* Je ne puis...

PATRU, *vivement.* Vous pouvez tout...

LE COMTE. Ma puissance ne va pas jusqu'à arrêter le cours de la justice.

PATRU. Vous pouvez le retarder, le suspendre...

LE COMTE, *vivement.* Le coupable doit être puni...

PATRU, *après un moment de silence, et comme frappé d'une inspiration soudaine.* Eh bien! qu'il soit puni!... qu'un ordre du souverain le bannisse des lieux qui l'ont vu naître... qu'il aille dans l'exil pleurer sa faute, expier dans les remords le crime dont il s'est rendu coupable... que le royaume de France lui soit interdit à jamais... Ah! le supplice sera encore assez grand pour celui qui aime son pays... Ce n'est point un avocat qui s'adresse à votre justice... (*en pleurant*) c'est un père qui vous crie grâce et merci... un père aussi malheureux que vous, dont le cœur saigne comme le vôtre... (*avec force*) mais qui ne rachèterait pas la vie de son fils par la mort d'un de ses semblables...

LE COMTE, *un peu troublé.* Monsieur... monsieur... vos paroles...

PATRU, *en larmes.* Elles vous ont ému, touché... ah! monsieur le comte!

SCENE IX.

PATRU, LE COMTE, MORIN.

MORIN, *à la porte.* L'audience est finie... (*Mouvement. Il s'avance.*) La sentence est rendue... condamné!

LE COMTE, *froidement.* Condamné?

(*Patru lève les yeux au ciel.*)

MORIN, *froidement.* Le silence opiniâtre du vieux domestique avait jeté du doute dans la conscience des juges... le tribunal penchait pour la clémence... quand le procureur du roi s'est levé... et prenant en main votre déclaration, il a conclu à la mort.

LE COMTE, *avec un sentiment de regret.* A la mort.

PATRU. Pauvre Mme de Linières!

MORIN, *à Patru.* On l'a cherchée partout... on ne l'a trouvée nulle part... elle n'a point paru dans les environs du tribunal... Ses amis sont dans une inquiétude extrême!

PATRU, *sortant.* Ah! monsieur le comte, que de chagrins vous vous êtes préparés!

SCENE X.

LE COMTE, MORIN.

LE COMTE, *froidement.* Mais vous ne parlez que des conclusions.

MORIN. A peine ont-elles été prononcées qu'il s'est fait un grand silence... le petit nombre de personnes de qualité qui avaient obtenu la faveur d'assister à l'audience, portaient avec intérêt leurs regards sur l'accusé, qui seul paraissait étranger à tout ce qui se passait autour de lui... Jamais je n'ai vu un homme plus tranquille, plus résigné. Les juges, convaincus ou entraînés par le discours qu'ils venaient d'entendre, ont laissé apercevoir sur leur figure une impression moins favorable au prévenu; et quand ils ont passé dans la chambre du conseil pour délibérer, le sort de l'accusé n'était déjà plus douteux pour personne...

UN DOMESTIQUE, *annonçant.* Mme de Linières.

LE COMTE, *troublé, embarrassé.* Elle!... grand Dieu!... dites à Mme de Linières qu'il m'est impossible de la recevoir en ce moment... que j'en éprouve beaucoup de regret.

LE DOMESTIQUE, *dans la coulisse.* Ma-

dame, M. le comte est désespéré, mais il ne peut pas vous recevoir.

Mme DE LINIÈRES, *avec force.* Il faut que je le voie... que je lui parle... (*Elle entre, et dit à Morin :*) Sortez.

(*Morin, sur un signe du comte, se retire.*)

SCENE XI.

LE COMTE, Mme DE LINIÈRES.

(*Il se fait un silence de quelques secondes.*)

Mme DE LINIÈRES, *avec dignité.* Albert, me reconnaissez-vous?

LE COMTE, *étonné.* Albert!

Mme DE LINIÈRES, *encore plus digne.* Me reconnaissez-vous, Albert de Mongeron?

LE COMTE, *effrayé.* O ciel!... et comment madame de Linières a-t-elle pu savoir?

Mme DE LINIÈRES, *s'approchant de lui.* A seize ans on me nommait Isaure de Chavigny.

LE COMTE, *au comble de la surprise.* Isaure!... vous!...

Mme DE LINIÈRES. Que vous avez lâchement abandonnée...

LE COMTE. Vous seriez Isaure !

Mme DE LINIÈRES. Et vers laquelle vous ne deviez revenir que pour consommer le malheur de sa vie.

LE COMTE, *après l'avoir regardée et reconnue.* Ah! ce coup manquait à mon désespoir.

Mme DE LINIÈRES. Dieu vous garde un supplice encore plus grand, monsieur le comte.

LE COMTE. A moi!

Mme DE LINIÈRES. Il vous a réservé la gloire d'être le bourreau de votre fils.

LE COMTE, *bouleversé.* Que voulez-vous dire?..

Mme DE LINIÈRES, *avec une grande dignité.* Monsieur le comte... Léon est né sept mois après votre fuite... et je suis sa mère..

LE COMTE. Sa mère !... vous!... ce jeune homme...

Mme DE LINIÈRES. Est le fils d'Albert de Mongeron...

LE COMTE, *atterré.* Grand Dieu!..

Mme DE LINIÈRES. Il me fut enlevé au moment de sa naissance. La paysanne chez laquelle on l'avait placé mourut..... elle chargea une de ses parentes de ramener l'enfant à ma mère... la misérable aima mieux me le vendre... je l'achetai, oui, monsieur le comte... j'achetai votre fils!.

LE COMTE, *dans le plus grand trouble.* Vous diriez vrai!...

Mme DE LINIÈRES. Cinq ans après.. j'étais veuve alors, ma mère me fit appeler à son lit de mort.. elle m'indiqua les démarches nécessaires pour retrouver mon fils... mon fils... depuis cinq ans il était près de moi.

LE COMTE, *avec une anxiété extrême.* Et des preuves, madame, des preuves... vous en avez!...

Mme DE LINIÈRES. Les voici!..

LE COMTE, *s'en saisissant et les étalant sur la table.* L'acte de naissance... Léon!.. pas d'autre nom... mais la date... oh! les dates se rapportent!.. la déclaration de l'enlèvement... le lieu où il a été élevé!... l'attestation du prêtre qui a reçu les aveux de Mme de Chavigny!... (*Avec explosion.*) Léon!... Léon... serait mon fils!.. j'aurais un fils!.. un héritier!.. (*A cette joie succède un grand abattement.*) Ah! malheureux! je n'en ai plus!.. ce fils!.. je l'ai jeté sur le banc des criminels!... (*Dans un désespoir très-grand.*) Non, non! oh! je l'en arracherai... je ne laisserai pas accomplir cette œuvre d'iniquité... non!.. et de ce pas... je vais...

(Il va pour sortir.)

Mme DE LINIÈRES, *l'arrêtant par le bras, et le ramenant sur le devant de la scène.* Restez, monsieur le comte... un père peut envoyer son fils à l'échafaud... une mère ne l'y laisse jamais monter...

LE COMTE. Que dites-vous?

Mme DE LINIÈRES. Vous demandiez sa mort, j'ai obtenu sa vie...

LE COMTE. Vous!

Mme DE LINIÈRES, *avec la plus grande énergie.* Grâce à Mme de Montespan, j'ai pu me jeter aux genoux de Louis XIV.... il est grand, généreux!.. il a compris ma douleur... je lui ai tout dit!.. tout... monsieur le comte.,. ah! qu'il m'a fallu de courage... ma faute, votre abandon... le secret de la naissance de Léon... Louis XIV a tout entendu de ma bouche... il a accepté mon déshonneur en gage de ma sincérité... car je lui ai dit... Sire, méprisez-moi... mais croyez-moi... croyez-moi, et sauvez mon fils!

(Grand bruit dans la coulisse.)

VOIX NOMBREUSES. Le voilà! le voilà!

∞∞∞∞∞∞∞∞∞∞∞∞∞∞∞∞∞∞∞∞∞∞∞∞∞∞∞

SCENE XII.

LES MÊMES, LÉON, PATRU, EUPHRASIE, DOMINIQUE, LAQUAIS.

PATRU. Le voici!

Mme DE LINIÈRES. Léon!

LÉON. Ma mère!.. ah! je ne croyais plus vous revoir!

Mme DE LINIÈRES. Le roi m'a rendu mon fils, monsieur le comte... et vous, lui rendrez-vous son père?

(Tout le monde est dans l'attente.)

LE COMTE. Vicomte d'Armaillé (*étonnement, joie.*) embrassez votre père.

LÉON, *se jette dans ses bras.* Ah!..

PATRU. Vous voilà bien heureuse maintenant!

(Patru, Euphrasie, Dominique, entourent Mme de Linières.)

LE COMTE. Mon fils, nous irons ensemble remercier le roi.

EUPHRASIE, *montrant Dominique.* Ma bonne amie... vous voyez... comme il nous avait tenu parole.

Mme DE LINIÈRES, *elle regarde avec une douleur prophétique le père et le fils, qui sont tout entiers à leur joie ambitieuse; elle se tourne vers Dominique, dont elle prend la main.* Mon pauvre Dominique... nous ne nous quitterons plus.

FIN.

IMPRIMERIE DE Ve DONDEY-DUPRÉ, RUE SAINT-LOUIS, AU MARAIS, N° 46.